인공지능 생성 모델 예술

아트코리아랩총서

미디어 기술과 융합한 현대 예술을 탐색합니다. 달라진 예술의 지형과 의미를 소개하고, 기술의 활용과 쟁점을 제시합니다. 예술·기술의 깊은 이해가 창작과 향유의 역동적인 흐름을 만드는 데 기여하겠습니다.

일러두기

- 인명, 작품명, 저서명, 개념어 등은 한글과 함께 괄호 안에 해당 국가의 원어를 병기했습니다.
- 외래어 표기는 현행 어문규정의 외래어표기법을 따랐습니다.
- 이 책은 2024년 과학기술정보통신부 및 정보통신기획평가원의 SW중심대학사업 지원을 받아 수행된 연구(2024-0-00037)입니다.

인공지능 생성 모델 예술

이수진

대한민국, 서울, 커뮤니케이션북스, 2024

인공지능 생성 모델 예술

지은이 이수진

초판 1쇄 펴낸날 2024년 11월 15일

주관 (재)예술경영지원센터(대표 문영호)
03082 서울시 종로구 대학로 57 (연건동) 홍익대학교 대학로 캠퍼스
교육동 3층, 12층
전화 (02) 708 2244
webmaster@gokams.or.kr
www.gokams.or.kr

기획 아트코리아랩
03142 서울특별시 종로구 율곡로6 (중학동) 트윈트리타워 A동
지하 1층, 6층, 7층, 16층, 17층
전화 (02) 708 2222
akl@gokams.or.kr
www.artskorealab.kr

출판 커뮤니케이션북스(주)(대표 박영률)
출판 등록 2007년 8월 17일 제313-2007-000166호
02880 서울시 성북구 성북로 5-11
전화(02) 7474 001, 팩스(02) 736 5047
commbooks@commbooks.com
www.commbooks.com

ISBN 979-11-7307-122-5

책값은 뒤표지에 표시되어 있습니다.

차례

기술이 예술이 되는 생성형 인공지능

지능과 예술

지능이란 무엇일까? 지능(智能)의 한자를 살펴보면, 지혜를 의미하는 '智'와 능함, 가능성이라는 뜻의 '能'으로, 지혜의 능력으로 풀이된다. 영어 'Intelligence'는 라틴어 'intus(사이)'와 'legere(선택하다)'의 결합인 'intelligere'에서 유래했다. 사이에서 선택하거나 구별한다는 의미다. 종합하면, 지능은 지식 또는 지혜를 이용해 문제를 풀어 가는 능력이라고 해석할 수 있다. 그렇다면 인공지능은 인간처럼 지혜를 갖춘 인공 기계가 문제를 해결하는 능력이 되겠다. 그 능력으로 예술을 구현한다. 이것이 바로 인공지능 예술이다.

지혜로 문제를 풀어 가는 능력을 예술 분야에서 행위로써 보여 준다는 것은 어떤 의미일까?

우선, 예술은 문제를 풀지 않는다. 예술은 문제를 만든다. 아무도 발언하지 않거나 혹은 발언할 수 없는 문제를 예술은 다양한 방식으로 발언한다. 문제를 해결하기보다는 가슴이 뜨거워져 더 이상 담아 두지 못하는 문젯거리를 세상에 내놓는다. 그래서 예술은 세상에 언제나 앞서 있고 또 존경을 받는다.

물론 예술의 범위는 넓어서 앞서 정의한 저자의 예술에 대한 생각 외에도 자기 세계의 표현이라는 궁극적인 목적이 있다. 인간만이 유일하게 갖고 있을 것이라고 추정되는 이 감성의 세계를 인공지능 기술을 빌려 표현하는 것에 큰 이의는 없었다. 왜냐하면 그것은 붓과 연필과 같은 표현 도구로써 존재했기 때문이다. 시대 변화에 따른 도구의 변천이라는 맥락에서 인공지능 기술은 이해되었다.

인공지능 기술 이전에도 기술은 디지털 아트 등 컴퓨팅 기술 기반의 예술을 위한 도구였다. 사진술이 기술 복제 시대의 예술로서 하나의 범주를 만들었다면 1980년대 이후, 아날로그 기술에서 디지털 기술로의 변화는 디지털 아트라는 새로운 범주를 만들었다. 기술의 빠른 변화가 불과 10여 년을 두고 장르(genre)보다는 운동(movements)에 가깝게 우리 세계를 강타했다.

『뉴미디어 아트(New Media Art)』(2006)에서 저자 마크 트라이브(Mark Tribe)와 리나 자나(Reena Jana)는 디지털과 뉴미디어 아트와 관련해 다양한 개념에 통찰을 제공했다. 특히 새로운 매체로 표현 수단이 다양해지면서 그 매체로 탄생한 예술을 장르로 볼 것인가 하나의 운동으로 볼 것인가를 논의한 것은 타당하다. 디지털 기술이 뉴미디어 아트로서 자리매김하기까지 어떤 영향과 새로운 사조를 형성하게 되었는지도 논한다. 저자들은 새로운 형식이 어떻게 전통 예술 범주에 도전하고 새로운 예술적 표현을 소개하는지에 주목한 것이다.

우리가 주목해야 할 지점은 바로 새로운 기술에 대한 운동의 관점이다. 예술의 영역을 범주화하는 관점은 표현 주제나 양식에 따라 다르게 분류할 수 있다. 포괄적으로 시대 흐름의 맥락을 살펴 장르를 나누기도 한다.

그러나 뉴미디어 아트를 운동으로 본다는 것은 다른 차원이다. 장르와 운동은 모두 예술 작품을 분류하는 데 중요한 역할을 하지만 그 초점과 범위에서 차이가 있다. 장르는 보다 구체적인 작품의 형식과 내용에 초점을 맞추지만, 운동은 더 넓은 문화적 · 사회적 맥락에서 예술가들이 공유하는 스타일과 철학을 반영한다. 따라서 운동은 사회적 · 문화적 · 정치적 논쟁으로 확산할 수 있다.

인공지능 기술이 예술에 새로운 반향을 일으킬 것인가? 그에 대한 대답을 하기에는 아직 이르다. 인공지능 기술이 도구로써만 존재할 때는 이런 질문이 필요한가를 고민하기도 했다. 그러나 지금, 동시대는 인공지능 기술이 도구가 아닌 주체자로서 존재를 드러내고 있다.

지능은 지혜나 지식을 사용하는 능력이고 문제를 해결

하기 위한 학습 능력이다. 따라서 인간이 예술로써 사회에 발언하는 문제 제기는 문제 해결 접근 방법의 다양한 방식 중 하나라고 할 수 있다. 그렇기 때문에 인공지능으로 사회 발언을 하는 데 주체자가 인간이 아닌 인공 기계인지 아닌지, 또는 그것을 규명하는 것이 반드시 필요한지 고민해 봐야 한다.

예술은 사회를 반영한다

"예술이 사회를 반영한다"는 문장은 오래전부터 인용되어 왔다. 앞서 언급했듯이 예술가들은 사회를 향해 어떤 말이든 할 수 있어야 하고 또 그것이 용인되었기 때문이다. 그 반영이란 예술가들이 나서서 자신들의 생각을 예술 표현으로 발언한 것이다. 그러니까 예술가가 주체자였다. 사회 구성원인 인간이 그 사회를 반영하는 발언을 예술 매체를 통해 해 온 것이다.

그런데 인공지능 예술의 발언 주체는 인공지능이다. 물론 아이디어는 인간이 제공하지만 어떻게 표현될지 그 결과를 인간은 예측하지 못한다.

인공지능 예술도 사회를 반영하는가? 이 질문에 대한 대답은 '그렇다'다. 인공지능 예술은 사회 변화를 정확하게 관통하여 반영한다. 그런데 주체는 인간이 아니라 인공지능이다. 정확히 말하면 생성 모델이다.

기술은 인간의 편리를 위해 탄생한 것이지 인간의 영역을 탐하기 위해 탄생하지 않았다. 인간이 그렇게 설계해 왔다. 인공 인간도 역시 인간의 삶을 풍요롭고 여유롭게 하기 위해 만들어지고 있다. 편리함은 내가 생각하지 않아도 자동으로 해결해 주는 것으로 완성되는데, 그 자동 능력이 창작의 범주까지 힘을 뻗치고 있다. 바로 예술 세계다.

그렇다고 두려워할 필요는 없다. 왜냐하면 새로운 장르로서 예술의 패러다임을 바꾸면 되기 때문이다. 생성의 결과를 예측하지 못하는 그 무작위성이 예술의 구심점이 된다. 무작위성을 중심으로 작위성을 만들어 보자. 그것이 예술가의 역할이고 그 역할 매김으로 인간이 예술의 주체자가 된다. 그래서 예술은 여전히 사회를 반영한다.

생명체 그리고 진화 알고리즘

예술은 인간 행동의 결과물이다. 동물이 예술 행위를 하는가에 대해서는 인간이 규명하기 어렵다. 예술의 시작을 흔히 동굴 벽화에서 찾는다. 동굴 벽화는 현존하는 인류 최초의 그림으로 평가되면서 인간 최초의 창작물로 기록되어 있다. 컴퓨터 프로그래밍을 통해 탄생하는 생성 모델 결과물도 아이디어의 시작은 인간이기에 광의에서는 인간으로부터 생산되었지만, 협의로는 기계로부터 생산된 생성물이라고 할 수 있다.

협의의 의미에서 기계는 어떻게 생성물을 만들게 되었을까? 생성 모델의 기원을 살펴보면, 데이터로부터 학습해 새로운 예시(인스턴스)를 생성하는 초기 알고리즘에서 시작해 통계와 확률 기반의 모델링으로 구축한 인공 신경망이 그 출발점이라 할 수 있다. 이러한 인공 신경망은 주어진 데이터를 학습하여 그 구조와 패턴을 이해한 뒤, 이를 바탕으로 새로운 데이터를 생성하는 모델로 발전해 왔다. 이 알고리즘은 이미지, 음악, 텍스트 등 다양한 유형의 데이터를 생성하는 데 사용되었다. 그 발전이 1980년대의 신경망 연구와 2000년대 초의 딥러닝 혁신에 지대한 영향을 미쳤다. 특히 2014년에 제안된 생성적 적대 신경망과 같은 혁신적인 아이디어가 이 분야의 성장을 가속화했다고 볼 수 있다.

인공 신경망(Artificial Neural Network)의 구현은 생물학적 신경망(Biological Neural Network)에서 비롯했다. 인류가 인간의 생물학적 모형을 프로그래밍으로 구현하고자 한 것의 시초가 생성 모델은 아니다. 우리는 진화 알고리즘을 통해 이미 생물학 영역을 프로그램에 적용해 왔다. 바로 진화 알고리즘이다.

진화 알고리즘(Evolutionary Algorithm: EA)은 생물학적 진화에서 영감을 얻은 인공지능의 한 형태다. 돌연변이, 교차, 선택과 같은 메커니즘을 사용하여 세대 변화와 같이 해결책을 만들어 간다. 따라서 진화 알고리즘이 생성 모델의 근원은 아니지만, 인간의 생물학적 자생에 대한 능력을 기반으로 한, 인간의 사회적 행동 모사의 시작점을 제시했다고 볼 수 있다. 진화 알고리즘은 최적화를 위한 강력한 방법이며 로봇 공학과 자동화된 디자인을 포함한 다양한 애플리케이션에서 사용되어 왔다.

진화 알고리즘이 생성 모델, 그러니까 인공지능 분야에 광의로 기여한 부분은 최적화와 학습이다. 진화 알고리즘의 핵심은 간접적으로 신경망의 효율성 높은 구조를 찾아내거나 학습하는 과정에서 조정해야 하는 다양한 설정값들을 최적화할 수 있다는 것이다. 나아가 예상해야 하는 결과물 도출이 아닌 예상치 못한 결과물 생성이라는 창의성에 부합하는 '프로그래밍적인 아이디어'를 제시했다. 프로그래밍적인 아이디어란 인간이 경험하는 모든 것을 프로그래밍으로 구현하는 생각을 말한다.

프로그래밍의 목적은 다양하다. 그러나 프로그래밍의 궁극적 목표는 문제 해결에서 생산성의 효율적인 향상과 혁신을 도모할 수 있는 수단의 역할을 하는 것이다. 그렇기 때문에 산업에 특히 유용하게 활용되어 왔다. 예를 들어 엔터테인먼트 산업에서는 미디어 측면으로 적극 활용했다. 그러나 콘텐츠 생성, 즉 창작의 측면으로는 프로그래밍을 활용하지는 않았다(다른 의미로, 콘텐츠를 제작하는 도구로는 적극 활용되어 왔다).

생성 모델 |

생성형 모델(Generative Model)은 생성적 적대 신경망(Generative Adversarial Network: GAN)이라는 이름으로 세상에 나왔다. 컴퓨터 과학 특히 알고리즘 개발에서 대체로 이름은 그 자체로 기능을 설명한다. 생성적 적대 신경망이라는 이름에서도 알 수 있듯이, 적대적인 두 객체가 서로 '진짜'로 군림하기 위해 동작한다. 그 결과 진짜 같은 가짜가 탄생한다. 생성적 적대 신경망은 실제 데이터와 유사한 새로운 합성 데이터를 생성하는 데 사용되는 매력적이고 강력한 인공지능 알고리즘이다.

GAN은 생성기(Generator)와 판별기(Discriminator)라는 두 개의 알고리즘이 경쟁하면서 개선되도록 설계한 모델이다. 생성기는 위조 예술품을 만드는 위조범과 비슷하다. 실제와 구별할 수 없는 이미지(또는 다른 유형의 데이터)를 생성하려고 시도한다. 생성기는 아주 처음에 무작위로 아무런 의미가 없는 숫자나 패턴, 즉 '노이즈'라고 부르는 랜덤 데이터를 입력받는다. 이 노이즈는 혼란스러운 데이터지만 생성기는 이 데이터를 조금씩 변형하면서 판별기로부터 가짜인지 진짜인지 피드백을 받는다. 생성기가 그 격차를 줄이는 과정을 거치면서 판별기를 속인다. 점차 실제처럼 보이는 이미지를 만들어 낸다. 이 과정은 마치 아무런 정보가 없는 상태에서 시작해 점점 더 구체적이고 실제와 유사한 결과물을 만들어 내는 것과 같다.

반면, 판별기는 미술 평론가처럼 행동한다. 실제 예술 작품과 생성기가 생성한 가짜를 구별하는 것이 목표다. 실제 데이터(진품)와 생성기가 제공한 가짜를 모두 살펴보고 어느 것이 진품인지 판단해야 한다. 판별기는 실제 데이터를 실제 데이터로, 가짜 데이터를 가짜 데이터로 식별하여 그 차이를 정확하게 구분하는 방법을 학습한다.

생성기는 판별기의 피드백에 따라 방법을 조정하는데 바로 자신의 출력을 가짜로 쉽게 식별하면 생성기는 기술을 변경하여 가짜를 발견하기 어렵게 만드는 것이다. 이 경쟁의 궁극적 목표는 생성기가 데이터를 잘 만들어 내어 판별기가 더 이상 진짜와 가짜를 구분할 수 없게 하는 것이다. GAN이 잘 훈련되면 생성기는 실제 데이터와 거의 구별할 수 없을 정도로 매우 사실적인 데이터를 생성한다.

생성 모델 II

생성적 적대 신경망 모델과는 다른 방식으로 주목받고 있는 생성 모델이 있다. 바로 생성적 사전 학습 변환(Generative Pretrained Transformer: GPT) 모델이다. 2018년, 오픈AI(OpenAI)는 트랜스포머(Transformer) 아키텍처를 기반으로 최초의 생성형 사전 훈련 트랜스포머 모델을 개발하여 세상에 내놓았다.

GPT 모델은 대규모 텍스트 데이터를 기반으로 사전 훈련한다. 자연어 처리 분야에서 문장 생성, 번역, 요약 등 다양한 작업에 활용되고 있다. 트랜스포머 모델(Transformer Model)은 특히 문장 내 단어들 사이의 관계를 파악하고 패턴을 인식하는 데 뛰어나다. 즉, 문장과 문장의 관련성을 학습하여 이해할 수 있도록 설계되었다. 따라서 GPT 계열 모델은 자연어 처리(Natural Language Processing: NLP) 분야에서 적극 사용되는 대표적인 딥러닝 모델이라고 할 수 있다.

GPT 모델은 처음에는 레이블이 없는 데이터, 즉 정답이 주어지지 않은 텍스트들을 학습하는 방식으로 작동하며, 이를 통해 다양한 문장 사이의 관계를 파악한다. 그런 다음, 인터넷에서 모은 방대한 양의 텍스트 데이터를 학습한 후, 특정 작업에 맞게 조정하여 마치 문맥을 이해하는 것처럼 자연스럽고 일관된 문장을 생성한다.

데이터를 처리하는 방식에서 GAN은 일종의 가상 공간, 이른바 '잠재 공간(latent space)'에서 작업을 시작한다. 이 공간은 컴퓨터가 아직 실제로 만들지 않은 데이터의 가능성을 표현하는 곳이다. 컴퓨터는 이 잠재 공간에서 무작위로 데이터를 선택하고, 이를 실제 데이터처럼 보이도록 변형하는 방법을 학습한다. 이 과정을 통해 컴퓨터는 새로운 이미지나 텍스트와 같은 데이터를 만들어 내고, 이를 점차 개선해 나가는 것이다. 반면, GPT는 이미 주어진 단어들의 순서에서 시작하여, 다음에 올 단어를 예측한다. 마치 사람이 문맥을 파악하고 문장을 작성하는 것처럼, 주어진 정보를 기반으로 새로운 문장을 생성한다. 일련의 단어를 문맥에 맞게 이어 전체 문장이나 문단을 형성한다.

GAN과 GPT는 훈련 작동 원리도 다르다. GAN은 생성기와 판별기 간의 동적 경쟁이 포함되며 이 경쟁을 통해 생성된 출력의 품질을 점차 향상하는 훈련 과정을 거친다. 반면 GPT는 '토큰(token)'이라는 단위로 문장을 처리한다. 토큰이란 문장이나 텍스트에서 단어나 단어의 일부, 또는 문장 부호 등을 의미하며, 모델이 이해할 수 있도록 텍스트를 쪼갠 최소 단위다. GPT는 이 토큰들이 이전에 나온 토큰들이 제공하는 문맥(콘텍스트)을 바탕으로 다음에 나올 토큰을 예측하도록 훈련한다. 그러기 위해 GPT는 네트워크 내에서 다양한 학습 모델끼리 협력하여 작동한다.

GAN과 GPT는 서로 다른 과정으로 생성물을 내놓는 생성 모델이다. 그러나 둘의 목표는 같다. 더 사실적이고 인간과 같은 감성 혹은 인간이 표현하고자 하는 창의적 세계를 예술이라는 범주에 들어가도록 만드는 능력을 갖추는 것이다.

인공지능 생성 모델의 예술

이 책은 첫 장부터 마지막 장까지 생성 모델의 기능과 역할에 초점을 맞추었다. 이 책이 기술서로서 역할을 하기 바란다. 도구인 기계가 인간의 도구로써 기술의 역할을 하는 과정에서 창의력을 발휘한다는 데 인간은 위협을 느낀다. 그러나 어떤 방식이든 예술이 예술로서 역할을 다 한다면 우리는 위협을 느낄 이유가 없다. 다만 지금까지 창의 과정이 인간 행위의 산물이었다고 생각하는 만큼 위협의 강도는 세질 것이다. 예술은 창의 과정의 산물이지만 가장 중요한 것은 의도에 있다는 사실에 주목할 필요가 있다. 동물은 형이상학적 고민을 하지 않는다. 기계는 언급하지 않겠다. 따라서 이 책이 생성 모델 기술을 이해하고 그 이해가 인공지능 생성 모델의 예술이라는 패러다임을 구축하는 데 시작점이 되기를 희망한다.

1장은 생성 모델의 변화를 살펴본다. 심층 신경망은 인간의 뇌 구조와 유사한 구조로 발전해 왔다. 기계가 인산이 될 수는 없지만 마치 인간이 사고하고 이해하는 것처럼 결과를 만들어 낼 수는 있다. 생성 모델은 그 목표를 향해 발전해 왔다. 생성 모델의 기술 변화를 살펴보면서 그 변화와 발전이 예술 창작 방식에 어떤 변화를 예고해 왔는지 알아본다. 최신 모델을 통해 이 기술이 어떻게 더 복잡하고 섬세한 예술 작품을 만들어 낼 것인지, 인공지능 예술의 새로운 패러다임을 구축하기 위해 우리는 어느 방향으로 나아가야 하는지 고민하는 틀을 제시한다. 덧붙여, 인공지능이 기존의 예술적 방법론 혹은 예술론을 어떻게 변화시킬 것인가를 예견해 볼 수 있다.

이어 2장은 생성 모델을 어떻게 예술적으로 승화시킬 수 있는지 혹은 예술이 되게 할 수 있는지를 살펴본다. 인공지능이 기존의 예술 형식을 변형하면서 새로운 장르를 만들고 있다. 마치 운동처럼 퍼져 나가는 이 현상은 트렌드가 아닌 예술 영역으로 자리매김하고 있다. 따라서 우리는 인공지능의 생성 모델의 기능뿐 아니라 역할도 재정의해야 한다. 인공지능이 창의적 과정에 어떻게 참여하고 인간의 예술성은 어떻게 발휘되는지 생성 모델과 인간의 창의성이 서로 반응하는 지점을 찾는다.

3장은 생성 모델 기술의 이해다. 인간의 창의성이 기술에 묻히면 안 된다. 그것은 우리가 예술을 하는 목적에 반하기 때문이다. 생성 모델의 기본 원리와 작동 방식에 대한 이해는 기술 차원의 이해를 넘어 창의적 결과물을 도출하는 작동 원리를 고찰하는 것이다. 이 기술이 어떻게 데이터를 분석하고 이해하는지, 그리고 그 과정에서 어떻게 창의적인 결과물을 생성하는지 이해하면, 예술적 맥락에서 이 기술을 적용하는 다양한 방법론이 나올 수 있다. 방법론에 그치지 않고 복잡한 생성 모델의 이해를 바탕으로 우리의 세계를 더욱 다양하게 확장할 수 있을 것이다.

4장은 생성 모델 기술과 창작의 관계다. 이 장에서는 생성 모델 기술이 창작 과정에 미치는 영향에 대해 살펴본다. 인공지능이 어떻게 개별 예술가의 창작 방식을 변화시킬 수 있는지, 그리고 이러한 변화가 예술계 전반에 어떤 영향을 미치는지 분석한다. 생성 모델이 예술가의 창의적 자유를 침해하는가에 대한 질문에서 시작해야 우리는 답을 찾는 길을 모색할 수 있다. 기술의 활용 범위가 넓어지면서 예술가의 역할이 줄어든 것이 예술가의 창의적 자유를 침해하는 것일까? 우리는 이런 질문을 던지면서 스스로 답을 찾아야 한다. 생성 모델 기술이 예술 작품의 개념과 실행에 어떤 새로운 관점을 제공하는지 설명하고, 이로 인해 발생할 윤리적 고려 사항을 탐구하는 계기를 마련한다.

5장부터 9장까지는 기술 연구 논문을 기반으로 하는 기술 탐구 영역이다. 5장은 인공지능이 어떻게 시각 예술을 생성하는지 설명한다. 머신 러닝(Machine Learning)과 딥러닝(Deep Learning) 알고리즘을 활용하여 이미지를 생성하는 다양한 기법을 소개한다. 이러한 기술을 이용해 실제로 작품의 창의성을 기술이 다루고 있는지 모델 개선을 통해 설명한다. 인공지능이 인간 예술가와 어떻게 협력하며, 이 과정에서 창의적인 아이디어가 어떻게 형성되는지를 분석할 수 있다.

6장은 인공지능의 문학 예술 생성 기술을 다룬다. GPT는 자연어 처리를 위해 탄생한 모델이기 때문에 소설, 시, 에세이 등 문학 형식을 학습한 인공지능은 형식에 맞게 완성도 높은 결과물을 만든다. 물론 복잡도가 높아지면 완성도는 떨어지지만 문맥은 이해하는 것처럼 보인다. 챗GPT(GhatGPT)와 문자로 대화를 해 본 사람은 대화 능력이 사람과 다르지 않는다는 사실을 체감할 것이다. 문학 예술을 창작하기 위해 생성 모델이 어떻게 복잡한 서사 구조를 만들어 내고, 새로운 문학적 아이디어를 제안할 수 있는지 살펴본다.

7장은 인공지능의 영화 예술 생성 기술이다. 인공지능을 영화 제작에 적용할 수 있는지를 탐구하며, 인공지능으로 시나리오 작성, 연출, 편집과 특수 효과 생성 등 종합 예술을 완성해 나가는 기술적 과정을 살펴본다. 영화는 다양한 분야의 전문가가 모여 완성하는 만큼 종합 예술에 가까운데, 기계가 혼자 그 종합을 이루어 내는 것이다. 이미 우리는 제도적으로 인공지능 영화 예술제를 만나고 있다.

8장은 AI 생성 모델로 이루어 내는 예술에 대해 이야기한다. 인공지능 기술이 다양한 모달리티 학습을 실현하며, 이로써 멀티모달 AI 생성 모델을 활용한 예술 창작이 이루어지고 있다.

9장은 AI 생성 모델로 예술 작품을 만들고 생성하는 구체적인 내용이다. 종합 예술인 영화 제작 가능성을 살펴봄으로써 인공지능이 어떻게 작곡, 사운드 디자인, 음향 효과를 생성하는지 기술적 방법을 알아본다. 인공지능이 과거 데이터를 분석하여 새로운 음악 스타일을 창조하거나, 인간 예술가와 협업하여 독특한 사운드 경험을 제공하는지도 사례를 보면서 탐구한다. 또한 사운드 아트 관련 산업에 어떤 변화가 일어날지 그리고 그 변화가 예술 표현의 새로운 패러다임을 제시할 수 있는지 알아본다. 인공지능은 사용자의 입력과 상호 작용성 설계를 기반으로 가상 현실, 혼합 현실, 증강 현실 등 다양한 현실의 세계를 구축할 수 있다.

10장에서는 인공지능의 창의성과 인간의 창의성을 비교하며 두 창의성 간의 경계와 상호 작용성을 살펴본다. 인공지능의 창의성은 인간의 창의성과 다른가? 다르다면 어떻게 다른지 인간 지능과 인공지능의 창의성의 차이를 생성 과정 관점에서 따져 본다. 인간의 창의적 사고와 경험이 생성 모델의 학습 데이터로 사용되는데, 그 데이터가 인공지능의 모방력을 강화하는지 아니면 창조력을 강화하는지 탐구한다. 이를 통해 1935년 철학자 발터 베냐민(Walter Benjamin)이 "기술 복제 시대의 예술 작품(The Work of Art in the Age of Mechanical Reproduction)"이라는 논문에서 말했던 것처럼 2024년에 AI 생성 모델 시대의 예술 작품에 대해 논할 수 있기를 기대한다.

우리는 왜 예술을 하는가?

인간이 예술을 하는 이유는 표현 욕구와 소통 욕구를 기반으로 함께 어울려 살아가기 때문이다. 예술은 시대를 반영하고, 인간은 그 시대를 다른 인간과 공유하며 살아간다. 사회를 이루며 살아가는 인간은 생존만을 삶의 목표로 삼지 않는다. 누구나 풍요롭고 행복한 삶을 설계하는데, 그 목적은 더욱 인간답게 사는 데 있다. 인간답다는 것은 분명 인공지능과는 다른 지점이다. 그 다름에 예술이 있다. 따라서 인공지능 생성 모델의 예술은 우리가 인간다워지는 지점을 찾고 더욱 견고하게 만드는 데 기여한다. 생성 모델로 탄생한 예술은 인간의 또 다른 양식의 예술 표현이다. 우리가 해야 할 일은 그 양식을 어떻게 확립하는가다. 그것은 단순히 도구의 확장이 아니라 예술이라는 영역의 확장이다. 예술의 새로운 패러다임을 구축할 수 있는 기회가 인간에게 드디어 열린 것이다.

참고문헌

Bartz-Beielstein, T., Branke, J., Mehnen, J., & Mersmann, O.(2014). Evolutionary algorithms. *Wiley Interdisciplinary Reviews: Data Mining and Knowledge Discovery*, *4*(3), pp. 178~195.

Goodfellow, I., et al.(2014). Generative adversarial nets. *Advances in neural information processing systems, 27.*

Khemakhem, I., Kingma, D., Monti, R., & Hyvarinen, A.(2020.6). Variational autoencoders and nonlinear ica: A unifying framework. *International Conference on Artificial Intelligence and Statistics*(pp. 2207~2217). PMLR.

Mann, B., et al.(2020). Language models are few-shot learners. *arXiv preprint arXiv*: 2005.14165.

Mirza, M. & Osindero, S.(2014). Conditional generative adversarial nets. *arXiv preprint arXiv*: 1411.1784.

Tribe, M. & Jana, R.(2006). *New media art.* Cologne: Taschen.

01

생성 모델의 변화

우리가 기계의 작동 원리를 알아야 할 이유는
없다. 만들어진 목적에 따라 잘 사용하면 된다.
그러나 기계도 우리와 함께하는 주체라면,
특히 생성 결과물이 의미하는 것이 아주 중요한
결과물의 주체자(예술가)가 된다면 함께하는
주체의 속성에 대해 알 필요가 있다.
인공 인간은 이미 또 다른 인간 객체다.
생성 모델이 그 안에 있다.

AI 생성 모델의 시작

AI 생성 모델의 진화는 기술과 컴퓨팅의 변화를 광범위하게 살펴볼 수 있게 한다. 통시적으로 모델 변화는 소프트웨어의 변화지만 하드웨어 변화, 즉 발전을 기반으로 한다. 초기 생성 모델 개념의 토대가 된 것은 인간의 지능 동작 과정의 모델 제시다. 1950년대에서 1980년대에 이르기까지는 인간의 지능을 모사한 컴퓨터 알고리즘을 작성했다.

인공지능의 역사는 앨런 튜링(Alan Turing)의 "계산 기계와 지능(Computing Machinery and Intelligence)"이라는 논문과 함께 시작했다고 해도 과언이 아니다. 1950년에 작성한 이 논문에서 튜링은 기계가 지능을 가질 수 있는지 논하며 이를 테스트하는 방법으로 '튜링 테스트(Turing test)'를 제안했다. 튜링 테스트는 기계가 인간과 구별되지 않을 정도로 대화를 할 수 있는지 평가하는 방법이다. 튜링은 기계가 인간과 구별되지 않는다면 그 기계는 지능을 가졌다고 해석했다.

인공지능 초기에는 인간의 추론 능력을 모방한 규칙 기반 시스템을 갖춘 것을 인공지능이라고 명명했다. 이후 통계 및 확률 모델을 이용하여 데이터 기반으로 패턴을 인식하고 예측하는 알고리즘을 개발하기 시작했다. 이것이 바로 생성 모델의 개념적 토대라고 할 수 있다. 인간의 신경망 구조를 세밀하게 모방한 신경망 알고리즘은 반복 학습을 통해 패턴을 인식하고 확률에 근거해 추론한다.

1960년대 마빈 민스키(Marvin Lee Minsky)와 시모어 페퍼트(Seymour Papert)는 『퍼셉트론(Perceptron)』에서 퍼셉트론이 'AND'와 'OR' 같은 선형 분리 문제만 해결할 수 있으며, 'XOR' 문제와 같은 비선형 문제는 해결할 수 없다는 점을 논리적으로 증명했다. 퍼셉트론은 단순한 인공지능 모델로 특정 문제를 해결하는 데 사용된다. 'AND'나 'OR' 같은 논리 연산 문제를 해결할 수 있는데, 이들은 선형으로 구분할 수 있다. 즉, 두 값을 논리 연산으로 더하거나 곱해서 단순하게 답을 구할 수 있는 문제들이다.

하지만 'XOR' 문제는 조금 다르다. XOR은 두 입력 값이 다를 때만 참(True)을 반환하는 논리 연산이다. 예를 들어, 두 값이 모두 0이거나 1일 때는 거짓(False)을 반환하고, 하나는 0이고 하나는 1일 때만 참(True)을 반환한다. 퍼셉트론은 이 XOR 문제를 해결할 수 없다. 왜냐하면, XOR 문제는 직선으로 구분할 수 없기 때문이다. 즉, 선형적인 방법으로 이 문제를 풀 수 없다는 것을 논리적으로 증명한 것이다. 이것은 앞서 세상을 놀라게 한 퍼셉트론의 한계를 지적한 것이다.

그러나 1980년대, 토론토대학교의 제프리 힌턴(Geoffrey E. Hinton) 교수는 다층 인공 신경망을 통해 XOR 문제의 해결 가능성을 제시했다. 또한 오류 역전파(backpropagation) 알고리즘을 사용하여 다수의 노드를 가진 인공 신경망도 최적화할 수 있음을 증명했다.

오류 역전파는 신경망이 학습하는 방법 중 하나다. 신경망이 어떤 문제를 풀려고 할 때 처음에 틀린 답을 낼 수 있다. 그러면 이 틀린 답이 어떻게 나왔는지 거꾸로 추적하면서, 각 부분이 얼마나 틀렸는지 계산한 후, 이를 수정하는 과정을 반복한다. 이런 방식으로 신경망이 점차 더 나은 답을 내도록 학습하는 것이다. 따라서 퍼셉트론은 XOR 같은 복잡한 문제를 풀 수 없다는 한계가 있었지만, 오류 역전파 기법을 통해 더 복잡한 문제도 풀 수 있는 다층 신경망이 가능해졌다는 것이다. 힌턴의 연구 결과가 인공지능 연구의 새로운 가능성을 열어 준 것이다.

심층 신경망의 새로운 모델 제시

1980년대에는 특히 역전파의 대중화와 함께 신경망이 다시 활성화되면서 보다 복잡한 모델을 위한 토대가 마련되었다. 심층 신경망의 계층이 많아질수록, 초기 입력층의 가중치를 제대로 조정하기 어려운 문제가 발생한다. 이를 기울기 소실 문제(Vanishing Gradient Problem)라고 한다. 이는 역전파 알고리즘을 사용할 때 기울기 값(gradient)이 점점 작아져서 초기 층까지 전달되지 않는 현상을 말한다.

심층 신경망은 여러 층을 거쳐서 데이터를 처리하는데, 층이 많아질수록 문제가 생긴다. 신경망이 학습할 때는 각 층에서 오류를 수정하기 위해 작은 변화(기울기)를 전달한다. 그런데 층이 많으면 그 변화가 점점 작아져서 초기 층에는 거의 영향을 주지 못하게 된다. 수식적으로 기울기 소실은 값이 아주 작아지면서 문제가 발생하는 현상이다. 역전파에서는 각 층의 가중치가 손실 함수에 대해 계산된 기울기를 기반으로 업데이트되고, 기울기 값이 반복적으로 곱해지면서 값이 점점 작아지다가 0에 가까워진다. 결국, 신경망의 초기 부분은 잘 학습되지 않게 되는 현상이 발생한다. 이러한 기술적 난관으로 인공지능 연구는 퍼셉트론의 한계에 이어 두 번째 침체기를 겪게 된다.

그러나 이 문제는 역전파 알고리즘 개발로 해결의 실마리를 갖는다. 이 문제를 해결하기 위해 탄생한 것이 바로 역전파 알고리즘을 통해 신경망을 훈련하는 다층 퍼셉트론이다.

제한 볼츠만 기계와 심층 신념 네트워크

1980년대 후반 인공 신경망의 일종인 '제한 볼츠만 기계(Restricted Boltzmann Machine: RBM)'가 개발되었다. RBM은 가시층(visible layer)과 은닉층(hidden layer)으로 구성된 비지도 학습 모델이다. 이 두 층은 양방향으로 연결되어 있지만 같은 층 내의 유닛들 간에는 연결이 없기 때문에 각 샘플 데이터의 유용한 특징을 효과적으로 학습할 수 있다. 따라서 RBM은 입력 데이터로부터 중요한 특징, 즉 이미지 데이터에서는 특정 패턴이나 형태를, 음악 데이터에서는 음의 패턴을 학습할 수 있다. 또한 RBM은 학습된 특징을 바탕으로 입력 데이터를 재구성할 수 있어, 노이즈 제거나 데이터 압축에 사용할 수 있다.

심층 신념 네트워크(Deep Belief Network: DBN)는 여러 층의 RBM을 쌓아 올려 각 층은 이전 층의 출력을 입력받는 구조로 구성된 네트워크다. DBN은 초기 학습 단계에서 RBM 알고리즘을 독립적으로 이용해 각 층을 학습시킨 후, 전체 네트워크를 세밀하게 조정한다. 계층적으로 이루어지는 비지도 학습은 복잡한 데이터 구조, 즉 복잡한 특징을 학습해 '우리가 대상을 이해한다'고 하는 것처럼 기계가 데이터를 이해하게 된다.

RBM이 학습하는 과정을 통해 RBM 모델을 갖춘 시스템이 어떻게 인식 또는 이해를 하는지 살펴보자. RBM은 사진에서 얼굴을 인식하기 위해 사진에 있는 얼굴(오브젝트)의 단순한 선과 윤곽을 학습한다. 얼굴의 윤곽이나 눈, 코, 입을 구성하는 기본적인 선을 감지하는 것이다. 이것이 RBM이 하는 첫 번째 역할이다. 다음으로 RBM은 이 선들을 조합해 눈, 코, 입 같은 구체적인 얼굴의 부분을 학습한다. 그 후, 이러한 부분을 더 조합해서 전체 얼굴 구조를 학습한다. 최종적으로 RBM을 쌓아 올린 DBN이 이렇게 학습한 정보를 통해 사진을 보고 '이것은 사람의 얼굴이다'라고 인식한다.

결국, DBN은 처음에는 간단한 특징(선, 색깔 등)을 배우고, 그다음에 점점 더 복잡한 구조(눈, 코, 입 등)를 학습하여, 마지막에는 전체적인 객체(사람, 동물, 사물 등)를 인식한다. 이 과정에서 우리가 사물을 이해하는 것처럼 기계도 데이터를 단순한 것부터 복잡한 것까지 점점 더 잘 이해하게 된다.

RBM은 데이터 학습 방식이 에너지 기반 모델을 사용하기 때문에 물리학의 에너지 개념을 도입한 루트비히 볼츠만(Ludwig Boltzmann)의 이름을 따서 명명했다. RBM은 데이터와 특징 사이의 에너지를 계산하여 에너지를 최소화하는 방식으로 학습을 진행한다. 여러 층의 RBM을 쌓아 올린 구조로, 각 층은 이전 층의 출력을 입력받아 학습한다. 이 방식을 통해 층을 하나씩 학습하여 계층적으로 그 데이터의 특징을 추출한다. 데이터의 레이블 정보 없이 학습하는 비지도 학습을 통해 데이터의 잠재된 특징을 표현할 수 있는 조건을 마련하는 것이다. DBN은 초기 학습 단계에서 각 층을 비지도 학습을 통해 독립적으로 학습한 후에, 지도 학습을 통해 전체 네트워크를 세밀하게 조정하는 네트워크다. 결과적으로 모델의 예측 최적화 성능을 높이는 역할을 한다.

RBM이 심층 신경망을 학습하는 비지도 학습 방식에 기여한 덕분에, 이후에 등장한 딥러닝 구조가 형성되었다. 그중에서도 DBN은 비지도 학습과 지도 학습을 결합한 대표적인 모델이 되었다. 이 모델들은 딥러닝의 초기 발전 단계에서 딥러닝 기술의 기초를 마련하는 중요한 역할을 했다. 컴퓨터가 스스로 학습하고 정교한 작업을 수행할 수 있도록, 실제 세계의 데이터를 이해하고 표현할 수 있는 창작의 기반을 마련한 것이다.

오토인코더와 생성적 적대 신경망

오토인코더(Autoencoder)는 신경망의 일종이다. 입력 데이터를 기계가 학습하고 활용할 수 있는 표현 방식으로 변환한다. 이것이 인코딩이다. 인코딩한 데이터가 있는 공간이 잠재 공간인데, 데이터의 복잡한 구조를 기계가 이해할 수 있게 단순하고 유의미한 형태로 표현한다. 이 공간이 핵심 정보를 담아내는 곳이다.

인코딩된 잠재 공간의 정보를 다시 원래 데이터 형식으로 복원하는 과정이 디코딩이다. 기본적으로 입력 데이터를 재구성(reconstruction)하는 과정을 통해 데이터의 중요한 특징을 학습한다. 데이터의 압축과 복원 과정을 거치면서 데이터의 특징을 학습하기 때문에 '자동' 인코더라는 이름이 붙었다.

오토인코더는 주로 차원 축소, 노이즈 제거, 데이터 복원 등에 사용되는 알고리즘이다. 특히 데이터의 중요한 특징을 학습하여 고차원의 데이터를 더 의미 있는 저차원 데이터로 변환한다. 예를 들어 오토인코더는 고해상도의 이미지를 작은 파일로 압축하면서도 중요한 디테일은 유지하려고 한다. 이는 군더더기를 없애고 중요한 디테일을 표현하는 간결한 디자인에 비유할 수 있다. 복잡한 데이터를 중요한 부분만 남겨서 표현하는 것이다("Simple is the best!").

덧붙여 오토인코더 개념을 확장하여, 데이터의 잠재 공간 분포를 학습해 더 복잡한 문제를 해결하는 모델이 있다. 바로 가변 오토인코더(Variational Autoencoder: VAE)다. VAE는 단순히 데이터를 압축하고 복원하는 차원을 넘어 새로운 데이터를 생성한다. 여러 사람의 얼굴을 학습한 데이터를 바탕으로 새로운 얼굴 이미지를 생성하는 식이다.

오토인코더 개념은 1980년대부터 연구되기 시작했다. 초기에는 주로 차원 축소와 특징 학습에 초점을 맞추었는데 2000년대에 들어서면서 딥러닝의 급속한 발전에 힘입어 오토인코더의 성능이 크게 향상되었고 다양한 변형 모델들이 제안되고 있다.

다음으로 생성적 적대 신경망(Generative Adversarial Network: GAN)이다. 많이 알려진 이 모델은 두 개의 신경망, 즉 생성기와 판별기가 상호 경쟁하는 학습 구조로 이루어져 있다. GAN은 매우 사실적인 이미지, 비디오, 텍스트 등을 생성하는 데 응용되고 있다. 고해상도 이미지 생성, 이미지 복원, 스타일 전이 등 다양한 이미지 관련 작업에 사용되기도 하고 자연어 생성, 번역, 요약 등의 작업에도 적용된다.

오토인코더와 GAN은 생성 모델의 발전에 중요한 역할을 했으며, 각각 고유한 구조와 학습 방식으로 다양한 응용 분야에서 고도의 성능을 발휘한다. 오토인코더는 데이터의 차원 축소를 통한 특징 학습, 그리고 VAE와 같은 변형 모델을 통해 생성 모델로서의 역할을 확장했다. GAN은 생성기와 판별기가 경쟁하는 구조를 통해 사실적인 이미지, 비디오, 텍스트 생성 등 생산이 아닌 생성 모델로서의 기능을 다하고 있다.

2024년, 현재

오늘날 생성 모델은 강화 학습, 비지도 학습, 전이 학습의 요소를 통합하여 점점 더 정교해지고 있다. GPT와 그 후속 모델과 같은 대규모 모델은 인간과 유사한 텍스트를 생성할 수 있는 생성형 인공지능(Generative AI)이다. 효율적이고 윤리적이며 인간과 유사한 방식으로 추론할 수 있도록 만드는 데 방향성을 두고 있다. 생성 모델은 단순한 확률론적 프레임워크에서 사실적이고 창의적인 결과물을 생성하는 데 인간의 능력에 준하는 시스템으로 진화하고 있다.

참고문헌

Goodfellow, I., et al.(2014). Generative adversarial nets. Conference on Neural Information Processing Systems, *27*.

Hinton, G. E.(2012). A practical guide to training restricted Boltzmann machines. *Neural Networks: Tricks of the Trade*:

Second Edition(pp. 599~619). Berlin, Heidelberg: Springer Berlin Heidelberg.

Hinton, G. E., Osindero, S., & Teh, Y. W.(2006). A fast learning algorithm for deep belief nets. *Neural Computation, 18*(7), pp. 1527~1554.

LeCun, Y., Bengio, Y., & Hinton, G.(2015). Deep learning. *Nature, 521*(7553), pp. 436~444.

Wikipedia. History of artificial intelligence. https://en.wikipedia.org/wiki/History_of_artificial_intelligence

02

생성 모델과 예술의 만남

아론은 컴퓨터 기계가 창작 활동을 할 수 있도록 설계된 초기 인공지능 프로그램이다. 개발 초기 아론은 단순한 흑백 드로잉 작품을 생성했지만 차츰 진화하면서 더 복잡하고 다채로운 그림을 그릴 수 있게 되었다. 예술과 기술의 경계를 넘나드는 혁신적인 시도는 아론이 한 것인가? 아론을 만든 개발자가 한 것인가? 우리는 이 질문에 답할 수 있어야 한다. 왜냐하면 지금은 우리가 만든 아론이 아니라 우리와 동등한 아론이 함께 작품을 만들기 때문이다.

기계의 예술성 시작점, 아론

기계가 생성(creation)을 할 수 있다는 상상은 언제부터 시작되었을까? 기계는 데이터를 입력받아 일련의 과정을 거쳐 출력하는 사물로 생산(production)은 하지만 생성(creation)을 하는 사물은 아니다.

지금으로부터 60여 년 전 예술가이자 컴퓨터 과학자 해럴드 코헨(Harold Cohen)은 기계가 생성할 수 있다고 상상했다. 코헨은 1960년대에 영국에서 화가로 활동하다가 1968년 샌디에이고 주립대학교 교수가 되면서 컴퓨터 아트를 탐구하기 시작했다. 코헨은 컴퓨터로 작품을 생성할 수 있는 가능성을 구체화해 컴퓨터 프로그램 아론(AARON)을 개발했다. 아론은 컴퓨터라는 기계가 창작 활동을 할 수 있도록 설계된 초기 인공지능 프로그램이다.

개발 초기 아론은 단순한 흑백 드로잉 작품을 생성했지만 차츰 진화하면서 더 복잡하고 다채로운 그림을 그릴 수 있게 되었다. 초기 아론은 규칙 기반 시스템(rule-based system)으로, 코헨이 직접 명령 알고리즘을 작성했다. 아론은 컴퓨터 비전(Computer Vision)과 인공지능 기술로 캔버스 위에 선을 그리고 형태를 만들어 냈다. 차츰 코헨은 색채를 추가하고 복잡한 구성 요소를 표현할 수 있게 아론을 지속적으로 진화시킨다.

아론의 예술 작품과 전시

아론의 발전은 인공지능과 예술의 경계에 대한 새로운 관점을 제시했다. 아론이 생성한 예술 작품은 전 세계 여러 미술관과 갤러리에 전시되었고, 컴퓨터 생성 예술의 가능성을 대중에게 알리는 계기가 되었다. 서로 대척점에 놓인 것처럼 지향점이 다른 기술과 예술의 융합에 대중은 높은 기대감을 갖게 되었다. 인간과 기계의 협업이 새로운 예술 표현 방식의 세계를 보여 준 것이다.

2024년 2월부터 5월까지 뉴욕 휘트니 미술관에서 〈해럴드 코헨: 아론(Harold Cohen: AARON)〉 전이 열렸다. 이 전시는 예술 제작을 위한 최초의 인공지능 프로그램인 아론의 진화 과정을 추적한다. 샌디에이고 캘리포니아대학교 교수로 재직하면서 코헨은 1973년부터 2년간 스탠포드대학교 인공지능 연구소의 레지던시 프로그램(예술가들에게 일정 기간 작업 공간을 제공하여 생활하게 하는 프로그램)에 참가했다. 아론은 바로 이때 탄생했다. 코헨은 예술가의 지식과 경험을 코드로 변환하고 그 결과인 생성물이 작품으로서 어떤 역할을 하는지 탐구했다. 수십 년 동안 아론 소프트웨어는 드로잉과 페인팅 기능을 실행하여 모니터에 이미지로 작품을 완성하기도 하고 일련의 드로잉 동작을 행할 수 있는 기계 팔을 운용하기도 했다.

그 결과 기계가 자동으로 종이에 선을 그리고 색상을 표현하며 작품을 생성했다.

휘트니 미술관 소장품으로 구성된 이번 전시는 아론의 작품뿐만 아니라, 소프트웨어 기술이 실시간으로 화면에 생성하는 작품을 소개했다.

인간의 철학과 기계 유산

코헨은 아론을 통해 예술가의 역할과 창의성에 대해 질문하고 있다. 우리는 창의성을 인간 고유의 영역으로 이해한다. 다른 생물도 창의적인 결과물을 만들 수 있지만 그 결과가 의식적인가, 내면의 그 무엇을 표상했는가를 살펴본다. 예술가의 내면이 작품을 통해 의도대로 전달되지 않아도 그 작품이 감상자의 내면을 움직이면 우리는 감동을 주는 작품이라고 평가한다. 그런 내면의 세계를 갖고 있지 않은 기계의 생성 작품이 어떤 철학을 담고 있는지, 그 질문에 답은 있는지 고민해 보라고 코헨은 묻고 있다.

예술가가 새로운 표현 방식을 탐구하고 방법을 찾는 것에서 우리는 시대 변화를 읽기도 한다. 산업 혁명이나 전쟁 등이 가져온 문명과 사회의 대변화는 관점의 변화를 이끌기도 한다. 코헨이 만난 시대는 디지털 기술의 변화가 일어나는 시기로 자동화 시스템이 일상에 서서히 들어오던 때다. 아론이 탄생하고 10년 가까이 흘러서야 애플 개인 컴퓨터가 탄생했으니 코헨은 시대를 앞서간 예술가임은 분명하다. 코헨은 컴퓨터의 발전과 개인화의 기술적 진보를 예술에 끌어들여 예술 표현의 새로운 패러다임을 구축하는 선구자 역할을 했다. 다만 붓과 연필 그리고 종이와 달리 컴퓨터는 일반적으로 누구나 사용할 수 있는 표현 도구가 아니었기 때문에 기계 생성 작품을 대중이 이해하고 수용하는 장은 확립되지 못했다.

컴퓨터가 하나의 예술 장르로 자리매김하지 못했던 것은 차치하고, 인간의 창의력을 모방하고 자동으로 작품을 생성하는 것은 어떤 의의가 있는지 생각해 보자. 코헨은 아론과의 협업을 통해 예술의 정의와 범위를 확장하고자 했다. 예술은 언제나 새로운 가능성에 대해 열려 있어야 한다. 코헨은 그 점을 잘 이해하고 있었던 것으로 보인다. 지금은 오픈AI가 개발한 이미지 생성 인공지능 모델 달리(DALL-E)나 미드저니(Midjourney: 창의적인 이미지 생성에 특화한 인공지능 프로그램)가 익숙한 시대이기 때문에 기계의 창작이 놀라운 확장성으로 읽히지 않는다. 하지만 1960년대의 시대적 배경을 살펴볼 때, 알고리즘적 사고를 예술의 창작 과정으로 동치화한 아이디어는 혁신적이라고 평가할 수 있다.

코헨은 예술과 기술의 경계를 넘나드는 혁신적인 시도를 보여 줌으로써 우리에게 아론에 대해 철학적 고민을 하도록 했다. 현재 생성 모델로 탄생한 작품이 예술 작품으로서 역할을 하는가에 대한 고민은 아론의 유산이다. 예술 작품의 생성에서 보듯 예술과 기술의 관계를 탐구하는 것을 넘어 기계가 창의성을 갖고 있는가에 대한 질문에 답해야 하는 시간이 가까워지고 있다.

자동과 생성 그리고 창의

우리는 인간의 창의성을 컴퓨터 알고리즘이 모방할 수 있는지, 아니면 그것 자체를 창의성이라고 평가해도 되는지, 그것도 아니면 어떤 다른 관점으로 기계 생성 작품을 평가해야 하는지 결정해야 한다. 예술을 바라보는 관점의 변화는 오래전에 예견되었다. 시대마다 새로운 '주의(ism)'가 생겨나는 것은 이러한 관점의 변화에서 비롯한다. 현재는 그 변화를 새로운 예술의 패러다임으로 논의해야 할 때다.

기술의 관점에서 예술의 완성도는 규칙에 근거한 결과를 얼마나 효율적으로 처리하느냐에 달려 있다. 다시 말하면 알고리즘으로 작성한 모델이 목적 함수에 근거하여 얼마나 정확도를 높이는가를 목표하는 것이다. 이 과정은 수치와 연산식에 따라 운용된다. 이 안에서는 목표가 곧 목적이 되는데 이 지점이 예술과 기술의 가장 큰 차이점이다. 기술의 목적은 효율성이고 목표는 그 효율성을 달성하기 위한 정확성 확보에 있다. 예술의 목표는 인간의 보이지 않는 내면세계를 표현하는 것이고, 목적은 내가 아닌 타인이 예술 작품을 통해 감동을 얻는 것이다. 이 과정에서 기술은 자동성을 담보로 하며, 시간 절약을 우선시한다. 예술은 자동성이 아닌 자연스러운 능동성을 담보로 한다. 시간이 얼마가 걸리든 예술 작품으로부터 받는 자연스러운 감동을 최우선으로 한다.

기술과 예술은 태생부터 지향점이 다르다는 점은 잘 알려진 사실이다. 그렇기 때문에 인공지능의 생성 모델 예술로서 예술의 새로운 시선이 요구된다. 이미지 제작을 위한 인공지능 도구로 달리, 미드저니, 스테이블 디퓨전(Stable Diffusion)과 같은 텍스트 프롬프트 기반의 AI 플랫폼이 대중화하고 있다. 마치 어도비(Adobe)사의 포토샵(Photoshop)과 같이 창작 도구의 역할을 할 것으로 보인다. 다만 지금까지의 도구의 기능과 다르기 때문에 프롬프트 엔지니어링(Prompt Engineering)이라는 분야가 생겨났다. 프롬프트 엔지니어링은 프롬프트 입력 시 어떻게 입력을 해야 작가의 의도대로 이미지나 동영상이 생성될 것인가를 연구하는 분야다. 흥미로운 사실은 창작을 위한 도구로 붓과 연필 대신 포토샵과 일러스트레이터(Illustrator) 등이 디지털화 도구로 기능했다면 이제는 작가의 생각을 알고리즘의 동작 과정에 맞추는 분야가 생겨났다는 점이다.

자동화와 생성 그리고 창작이 한데 어우러진 결과물이 지금 우리가 만나고 있는 다양한 양식의 생성형 모델이다.

참고문헌

Cengel, K.(2024). The first A.I.-Generated art dates back to the 1970s.
https://www.smithsonianmag.com/innovation/first-ai-generated-art-dates-back-to-1970s-180983700/

Diehl, T.(2024.2.15). A.I. Art that's more than a gimmick? Meet AARON.
https://www.nytimes.com/2024/02/15/arts/design/aaron-ai-whitney.html?searchResultPosition=1

Stanford AI Lab.
https://ai.stanford.edu/

Whitney Museum of american art. Harold Cohen: AARON.
https://whitney.org/exhibitions/harold-cohen-aaron

03

예술을 가능하게 한 생성 모델 원리

생성 모델의 발전은 인간의 학습 과정과 유사하다. 인간이 하나하나 인지하고 패턴을 이해하는 것처럼 생성 모델도 데이터를 통해 패턴을 학습하고 창의성을 발휘한다. 생성 모델은 예술과 같은 창작 활동에서도 뛰어난 결과를 보여 주며 창작의 주체로 자리 잡고 있다. 이로써 우리는 인공지능이 예술 창작자로서 의미하는 바가 무엇인지, 인간의 창작과 인공지능의 관계를 어떻게 재정립할 것인지를 생각해야 한다.

가변 오토인코더, 확률의 신세계

가변 오토인코더(Variational Autoencoder: VAE)는 생성 모델의 혁신적인 발전을 이끌었다. 가변 오토인코더는 인코더와 디코더라는 두 개의 신경망으로 구성되어 있어 오토인코더(Autoencode: AE)와 유사한 네트워크로 구성된 듯 보인다.

그러나 생성적 측면에서 둘은 목표하는 바가 다르다. 오토인코더는 입력값이 동일하면 출력 이미지도 동일하다. 잠재 공간에서 인코딩과 디코딩을 통해 모드 전환만을 수행한다는 의미다. 반면 가변 오토인코더는 확률적 그래픽 모델과 신경망의 장점을 결합하여 잠재 공간에서 샘플링을 하는데, 이때 다양한 데이터를 생성한다. 데이터의 잠재 분포를 학습하여 새로운 데이터를 생성하는 것이다. 가변 오토인코더의 중요한 기여는 데이터의 잠재 구조를 학습함으로써 데이터 생성의 유연성과 다양성을 크게 향상시켰다는 점이다.

가변 오토인코더는 생성 모델의 학습 과정에서 KL 다이버전스(Kullback-Leibler Divergence: 두 확률 분포 간의 차이를 측정하는 통계 방법으로 모델 학습 시 모델이 예측한 분포와 실제 데이터 분포의 차이를 최소화하는 방법)를 최소화하여 잠재 공간의 분포를 제어하고 안정적인 학습을 가능하게 했다. 이 알고리즘 덕분에 가변 오토인코더는 이미지 생성, 텍스트 생성 등 다양한 응용 분야에서 텍스트를 입력했을 때 이미지를 생성하는 방향으로 발전할 수 있었다. 궁극적으로 가변 오토인코더는 똑같은 프롬프트를 입력해도 다양한 생성 이미지를 가능하도록 공헌한 모델이다.

오토인코더와 가변 오토인코더의 목표와 차이

오토인코더는 주로 입력 이미지의 재구성을 목표로 한다. 오토인코더는 입력 데이터의 주요 특징을 효율적으로 압축(인코딩)한 후 이 압축된 표현에서 원본 입력을 재구성(디코딩)하도록 설계된 일종의 신경망 구조로 이루어져 있다. 인코더와 디코더 사이에 존재하는 컴퓨터가 이해하는 정보로 표현된 잠재 벡터의 공간은 입력 데이터의 손실없이 출력 데이터를 재구성하는 데 중점을 둔다. 즉, 그 잠재 벡터를 디코딩하여 입력 데이터를 재구성하는 것이다. 이 잠재 벡터는 주어진 입력 데이터에 대해 생성을 진행하는 데 결정적 역할을 한다. 따라서 동일한 입력 데이터라면 출력 데이터의 생성력에는 한계가 있다.

반면, 가변 오토인코더는 입력 데이터의 결정력보다는 잠재 공간에서 샘플링된 벡터를 통해 새로운 이미지를 생성하는 것을 목표로 한다. 잠재 공간은 입력 데이터의 특정 분포를 따르지 않고 확률 분포를 따르기 때문이다. 확률 분포를 따른다는 것은 특정적으로 데이터를 구성하지 않고 새로운 데이터를 샘플링할 수 있다는 것을 의미한다. 따라서 데이터의 다양성을 반영하여 새로운 데이터 생성 가능성을 높일 수 있다.

생성 데이터의 새로운 가능성을 열어 줄 공간은 잠재 벡터의 구성 차이에서 비롯한다. 동일한 입력 데이터라 하더라도 잠재 공간에서 매번 다른 공(벡터)을 꺼낼 수 있다는 것은 똑같은 잠자리를 보아도 사람의 생각에 따라 잠자리 모양이 달라질 수 있다는 것과 유사한 개념이다.

이 모델의 구조가 다른 것은 근본적으로 그 둘의 목표점이 다르기 때문이다. 프로그래밍을 통한 알고리즘 작성의 첫 번째 할 일은 목표 설정이다. 즉, 이 알고리즘을 작성해서 얻고자 하는 목표를 확실히 하고, 그 목표를 이루기 위한 설계를 하는 것이다. 오토인코더는 데이터의 손실 없는 재구성이 목표이고, 가변 오토인코더의 목표는 데이터의 재구성과 함께 새로운 데이터를 생성하는 것이다.

이러한 차이점 때문에 가변 오토인코더는 이미지 생성, 텍스트 생성 등 다양한 생성 모델 응용 분야에서 중요한 역할을 한다. 가변 오토인코더는 확률적으로 특성을 선택할 수 있다는 점이 새로운 데이터 생성을 가능하게 하는 요건이 된다.

GPT 모델의 핵심

오픈AI의 첫 번째 생성적 사전 학습 변환(Generative Pretrained Transformer: GPT) 모델은 2018년에 공개되었다. GPT-1은 트랜스포머 아키텍처를 기반으로 대규모 텍스트 데이터를 사전 학습한 모델로서, 다양한 자연어 처리 작업에 적용된다. GPT 모델의 핵심 개념은 언어 모델링을 위해 사전 훈련된 트랜스포머 아키텍처로 구성되었다는 것이다. 트랜스포머 아키텍처는 2017년 "당신이 필요한 것은 주의다(Attention is All You Need)"라는 논문(Vaswani)에서 처음 소개되었다. 이 아키텍처는 자연어 처리에서 순환 신경망(Recurrent Neural Networks: RNN)과 장단기 기억(Long Short-Term Memory: LSTM) 네트워크를 대체하며 더 높은 성능과 병렬화 가능성을 제공해 한 번에 많은 데이터를 처리할 수 있게 되었다. RNN은 텍스트나 시간 순서대로 들어오는 데이터를 처리할 수 있는 신경망 구조로 이루어진 모델이다. 문장의 순서나 시간에 따라 변하는 데이터를 이해하는 데 유용하게 설계되었다는 의미다.

RNN은 시간 단계마다 이전 상태의 정보를 현재 상태로 전달하면서 순차적으로 데이터를 처리한다. 그러나 중요한 정보가 시간적으로 멀리 떨어져 있거나 공간적으로 긴 데이터일 때 그 정보를 기억하는 데 어려움을 겪는다(장기 의존성 문제).

LSTM 네트워크는 중요한 정보는 오랫동안 기억하고 덜 중요한 정보는 자동으로 잊는 방식으로 RNN의 문제를 해결했다. LSTM은 셀 상태(cell state)와 게이트(gate) 메커니즘을 도입하여 중요한 정보를 더 오랫동안 유지하고 불필요한 정보를 제거한다. 덕분에 긴 시퀀스에서도 효과적으로 정보를 유지하고 학습할 수 있다.

연속적인 의미 전달로 표현하는 언어 구조이기 때문에 연속적인 데이터 처리 구조(시퀀스)로 이루어진 RNN과 LSTM이 언어 처리를 구현했지만 어렵고 긴 시퀀스 처리에는 시간적 한계가 따랐다. 순차적 처리는 병렬화가 어렵기 때문에 CPU나 GPU의 병렬 처리 능력을 충분히 활용하지 못해 처리 속도가 떨어진다. 따라서 대규모 데이터 세트를 학습하는 데 더 많은 시간이 필요하다. 또한 실시간 언어 처리, 예를 들면 실시간 번역, 실시간 음성 인식 등에 빠르게 반응하기 어렵다. 병렬 처리를 할 수 없기 때문에 하드웨어 자원을 효율적으로 사용할 수 없고 따라서 대규모 모델을 학습하거나 추론할 때 성능에 큰 영향을 미친다.

트랜스포머는 이러한 문제를 해결하기 위해 설계된 모델이다. 트랜스포머는 셀프 어텐션 메커니즘(Self-Attention Mechanism)을 사용하여 입력 시퀀스의 모든 단어를 동시에 처리할 수 있는 병렬 처리를 가능하게 한다. 따라서 속도를 크게 향상할 수 있다. 뿐만 아니라 셀프 어텐션 메커니즘은 시퀀스 내의 모든 단어 간의 관계를 한 번에 계산할 수 있다. 문장의 앞부분에 중요한 단어가 나왔음에도 RNN이나 LSTM은 뒤로 갈수록 그 정보를 점차 잊어버린다. 특히 긴 문장에서 매우 중요한 정보가 뒤에 도달할 때까지 유지되지 않는 문제가 발생한다. 셀프 어텐션 메커니즘은 이 문제를 효과적으로 해결했다. 모든 단어 간의 관계를 한 번에 계산하는 것이다. 어떤 단어가 다른 단어와의 연관성이 얼마나 강한지를 계산해서 중요한 정보들이 멀리 떨어져 있어도 서로 연결 처리할 수 있다.

다른 문제는 모델이 학습할 때 얼마나 효율적으로 최적의 결과를 내느냐다. 전통적인 모델, 특히 RNN이나 LSTM은 긴 시퀀스를 처리할 때 계산량이 많아지고 기울기 소실이나 기울기 폭주(Gradient Exploding) 현상이 발생했다. 즉, 데이터를 처리하는 과정에서 중요한 특징을 기억하지 못하거나 정확도가 떨어지는 문제다. 이로 인해 RNN과 LSTM은 학습 속도가 느려지고 잘못된 방향으로 학습하기도 했다.

트랜스포머의 셀프 어텐션 메커니즘은 기울기 소실과 기울기 폭주 문제를 해결하는 데 기여한다. 이 메커니즘은 입력 데이터의 모든 요소(단어, 픽셀 등) 간의 관계를 동시에 처리한다. 이는 텍스트 생성, 이미지 생성, 음악 생성을 가능하게 하고 나아가 창작 환경을 만들어 주었다. 셀프 어텐션 메커니즘을 도입한 트랜스포머 모델은 창작을 위한 시간과 공간의 문제를 해결한 것이다.

GPT 모델의 발전

GPT는 오픈AI가 개발한 인공지능 언어 모델로, 주로 자연어 처리 작업에 쓰인다. GPT 모델은 트랜스포머 아키텍처를 기반으로 만들어졌으며, 크게 두 단계로 나뉜다. 하나는 대규모의 텍스트 데이터를 기반으로 모델을 학습시켜 언어의 일반적인 구조와 패턴을 학습하는 사전 학습(Pre-training)이다. 이 과정에서 문장의 구조, 단어 간의 관계, 문맥 등을 파악한다.

다음은 특정한 자연어 처리(Natural Language Processing: NLP) 작업(예: 질문-답변, 번역, 요약 등)을 더 잘 수행할 수 있도록 레이블링된 데이터로 추가 학습을 시키는 미세 조정(Fine-tuning)이다. 미세 조정은 이미 학습된 모델(GPT)의 능력을 바탕으로, 특정 작업에 맞게 추가 학습을 하는 과정이다. 즉, 기본 학습을 통해 언어의 일반적 패턴을 이해한 모델에 특정한 데이터 세트(예: 의학 분야의 진단 질문과 답변 쌍, 법률 분야의 상담 질문과 답변 쌍 등)를 사용하여 해당 작업에 더 잘 맞는 모델로 만드는 것이다. 이를 통해 특정 과제에서 더 높은 성능을 낼 수 있게 된다.

GPT 모델은 방대한 텍스트 데이터로 기본적인 언어 이해를 마친 상태에서, 질문에 답변을 제공하는 작업(Q&A)을 위해 미세 조정될 수 있다. 이를 위해 사용자는 질문-답변 쌍으로 레이블링된 데이터를 사용해 GPT 모델을 학습시킨다. 이후 이렇게 미세 조정된 GPT 모델은 사용자가 질문하면 적절한 답변을 생성할 수 있게 된다.

사용자(또는 연구자)가 특정 작업을 위해 GPT 모델을 추가 학습시키면 가능해지는, 또 다른 미세 조정의 예로 텍스트 분류를 들어 보자. 감정 분석 작업을 위해 사용자는 GPT 모델을 미세 조정할 수 있다. 영화 리뷰 데이터에서 긍정적, 혹은 부정적 리뷰로 레이블링된 데이터를 학습하면, GPT 모델은 영화 리뷰를 보고 감정(긍정 또는 부정)

을 분류하는 능력을 얻게 된다.

마지막으로 번역 GPT 모델이다. 이 모델은 기본 학습을 통해 언어의 일반적 구조를 익힌 후, 특정 언어 쌍(예: 영어-한국어)에 맞게 미세 조정될 수 있다. 이 과정에서 번역된 문장 쌍을 학습하여 번역 작업을 수행한다.

첫 번째 버전인 GPT-1은 2018년에 발표되었다. 앨릭 래드퍼드(Alec Radford)의 "생성적 사전 학습을 통한 언어 이해도 향상(Improving Language Understanding by Generative Pre-Training)"이라는 논문에 소개된 GPT-1은 트랜스포머 아키텍처를 사용하여 언어 모델을 사전 훈련하고 특정 NLP 작업에 미세 조정하는 방식을 도입했다. 이 모델은 다음의 두 가지 주요 단계로 구성되었다. 우선 대규모 무작위 웹 텍스트 코퍼스[(Web Text Corpus): 위키피디아(Wikipedia), 북코퍼스(BookCorpus), 커먼 크롤(Common Crawl), 깃허브(GitHub), 스택 오버플로우(Stack Overflow) 같은 개방형 저장소]를 이용하여 언어 모델을 사전 훈련(pre-training)한다. 이 단계에서 모델은 다음 단어를 예측하는 훈련을 통해 언어의 문법, 구조, 의미를 학습하는 것이다.

다음은 사전 훈련된 모델을 사용하여 특정 NLP 작업(예: 텍스트 분류, 질의응답 등)을 학습하는 미세 조정 단계다. 이 단계에서 모델은 각 작업에 필요한 레이블링된 데이터를 사용하여 추가 학습을 진행한다. GPT-1은 후에 나오는 모델에 비해 비교적 적은 파라미터, 즉 인공지능 모델이 학습을 통해 얻는 조정 가능한 값인 약 1억1700만 개 파라미터를 가졌다. 파라미터는 모델이 학습하는 가중치와 편향을 의미하며 모델의 데이터 처리와 예측 능력을 가늠할 수 있는 요소다.

2019년에 발표된 GPT-2는 앨릭 래드퍼드의 "언어 모델은 비지도형 멀티태스크 학습자다(Language Models are Unsupervised Multitask Learners)"라는 논문에 소개되었다. GPT-2는 GPT-1에 비해 훨씬 더 큰 모델(최대 15억 개의 파라미터)을 사용했고 모델의 파라미터의 수가 클수록 성능이 올라가는 것을 확인할 수 있다. GPT-2는 웹에서 수집한 다양한 텍스트 데이터를 학습했다. 대규모 데이터 세트로 더 많은 양의 데이터를 사용했다는 것은 모델의 크기를 크게 증가시켜 더 복잡한 언어 구조와 패턴을 학습할 수 있는 계기를 마련했다는 의미다. 따라서 당연히 모델 성능은 향상된다. GPT-2는 특정 작업에 대해 미세 조정되지 않은 상태에서도 놀라운 성능을 발휘했는데 모델이 사전 훈련 단계에서 다양한 언어 작업에 대한 일반적인 이해를 학습했기 때문이다. GPT-2는 텍스트 생성, 번역, 요약,

질문 답변 등 다양한 작업에서 뛰어난 성능을 보였다.

GPT-3는 2020년에 발표되었으며, 톰 브라운(Tom B. Brown)의 "소수 학습자 언어 모델(Language Models are Few-Shot Learners)"이라는 논문에 소개되었다. GPT-3는 파라미터 1750억 개를 가지고 있고, GPT-2의 성공을 바탕으로 모델 크기와 성능 간의 관계를 더욱 확장했다. GPT-3는 적은 양의 예제(few-shot)를 주어도 작업을 수행하는 능력, 단일 예제(one-shot)만으로도 작업을 수행하는 능력, 또는 전혀 예제가 없는 상태(zero-shot)에서도 작업을 수행하는 놀라운 성능을 발휘했다. 다시 말해, 아이에게 단 몇 번만 보여 줘도 그 패턴을 이해하고 유사한 문제를 해결한다거나(few-shot), 딱 한 번만 보고도 이후에 비슷한 문제를 스스로 해결한다거나(one-shot), 마지막으로 한 번도 푸는 방법을 배운 적이 없는 문제를 스스로 푸는 것(zero-shot)과 같은 능력을 지녔다는 것이다.

이것이 가능한 이유는 GPT-3가 사전 훈련 단계에서 일반적인 언어 이해 능력을 충분히 학습했기 때문이다. GPT-3 역시 텍스트 생성, 번역, 요약, 질문 답변, 코드 작성 등 다양한 응용 분야에서 뛰어난 성능을 보였다. 나아가 오픈AI는 개발자들이 직접 GPT-3 모델을 구축하거나 관리할 필요 없이 오픈AI에서 제공하는 API(Application

Program Interface)를 통해 손쉽게 GPT-3의 기능을 사용할 수 있도록 설계하여 사용성을 확장했다. API는 다양한 소프트웨어 애플리케이션이 상호 작용하고 통신할 수 있도록 해 주는 인터페이스다. 배달 앱을 통해 직접 요리할 필요 없이 음식을 주문해 먹을 수 있는 것처럼, API를 통해 GPT-3의 강력한 언어 처리 능력을 쉽게 사용할 수 있게 한 것이다.

GPT 모델의 변화 발전은 모델의 크기와 파라미터 수의 증가에 있다. 이는 GPT 모델이 복잡하고 방대한 언어 체계를 이해하고, 더 다양한 주제와 문맥 이해를 바탕으로 문장을 생성하는 능력이 크게 향상되었다는 것을 의미한다. 더 많은 양의 텍스트 데이터를 사용한 사전 학습 수행 덕분에 지식의 수준을 높여 일관되고 자연스러우며 창의적인 결과물을 생성하게 되었다.

참고문헌

나무위키. 게임 엔진.
https://namu.wiki/w/%EA%B2%8C%EC%9E%84%20%EC%97%94%EC%A7%84

나무위키. 인벤토리.
https://namu.wiki/w/%EC%9D%B8%EB%B2%A4%ED%86%A0%EB%A6%AC

Bergmann, D. & Stryker, C.(2023). 오토인코더란 무엇인가요?. *IBM.*
https://www.ibm.com/kr-ko/topics/autoencoder

Brown, T., et al.(2020). Language models are few-shot learners. *Advances in neural information processing systems, 33*, pp. 1877~1901.

Doersch, C.(2016). Tutorial on variational autoencoders. *arXiv preprint arXiv*: 1606.05908.

Kingma, D. P. & Welling, M.(2013). Auto-encoding variational bayes. *arXiv preprint arXiv*: 1312.6114.

Radford, A., et al.(2018). Improving language understanding by generative pre-training. *language understanding paper.pdf.*

Radford, A., et al.(2019). Language models are unsupervised multitask learners. *OpenAI blog.*

Rezende, D. J., Mohamed, S., and Wierstra, D.(2014). Stochastic backpropagation and approximate inference in deep generative models. *International conference on machine learning*. PMLR.

Unreal Engine.
https://www.unrealengine.com/ko

Vaswani, A.(2017). Attention is all you need. *Advances in neural information processing systems.*

Whitten, M.(2023). Why we're excited about AI at unity.
https://blog.unity.com/news/why-we-are-excited-about-ai

04

생성 모델 기술과 창작

AI 생성 모델은 예술 창작의 도구로서 예술가가 원하는 작업을 보다 쉽게 수행할 수 있는 수단을 제공한다. 예술가가 창의력을 다양한 방식으로 표현할 수 있게 되었다는 것은 단순히 AI가 생성한 결과물을 사용했다는 것을 의미하지 않는다. AI 기반 모델을 활용하면 예술가는 새로운 방식으로 창작을 도와주는 강력한 파트너를 만날 수 있다. 이는 예술의 본질과 역할을 새롭게 정의하는 중요한 전환점이 될 것이다.

예술 분야의 AI 생성 모델 기술 도입

AI 생성 모델이 처음부터 예술을 목적으로 만들어진 것은 아니다. 그러나 이미지, 사운드, 문학 등 예술 작품의 창작 도구의 역할을 하고 있다. 예술 분야뿐만 아니라 창의력을 기반으로 하는 콘텐츠 생산의 비즈니스 영역에서도 기능을 한다. 생성형 AI 모델은 이미 다양한 분야에 적용할 수 있는데, 특히 인간의 아이디어를 표현하는 언어, 텍스트, 이미지에 AI 생성 모델을 적극 적용하고 있다.

현재 창작 활동의 기반이 된 대규모 언어 모델(Large Language Model: LLM)은 2017년 구글 브레인(Google Brain)에서 개발했다. 당시 이 모델의 개발 목적은 문맥을 보존하면서 단어를 번역하는 것이었다. 이 모델의 놀라운 점은 번역뿐만 아니라 블로그 게시물 작성, 그림 그리기, 소설 쓰기 등 다양한 창작 영역에서 이미지를 생성하거나 텍스트를 생성하는 데까지 확장한다는 데 있다. 이러한 작업은 모델이 이전 단어 시퀀스를 기반으로 다음 단어를 예측하거나, 이전 이미지 설명을 바탕으로 다음 이미지를 생성하는 방식이기 때문에 가능하다.

현재 빅 테크 기업들은 파운데이션 모델(Foundation Model)을 만들어 배포하고 있다. 대형 기술 회사들이 앞다투어 개발을 서두르는 이유는 시장에서 누가 선두를 차지하느냐가 관건이 되었기 때문이다. 구글 브레인이 먼저 대규모 언어 모델을 만들었지만 최근에는 오픈AI가 생성적 사전 학습 변환(Generative Pretrained Transformer: GPT) 시리즈를 통해 LLM 분야에서 두각을 나타내고 있는 것처럼 말이다. 파운데이션 모델은 단순히 특정 작업만을 위해 만들어진 것이 아니라 광범위하게 다양한 작업으로 응용할 수 있는 범용 모델이다. GPT-3나 버트(BERT) 같은 모델은 다양한 작업에 응용되고 있다. 파운데이션 모델이 기반이 되어 여러 응용 서비스를 생산하고 있는 실정이다.

현재는 누가 제일 앞서고 있다고 결론적으로 말할 수 없을 만큼, 구글(BERT 및 LaMDA), 메타[OPT-175B(Open Pre-trained Transformer Language Model), 블렌더봇(BlenderBot)], 오픈AI[텍스트용 GPT-3, 이미지용 달리 2, 음성용 위스퍼(Whisper)] 등 주요 기술 개발 회사가 대규모 언어, 텍스트 및 이미지 변환 모델 개발에 투자하여 놀라운 결과를 보여 주고 있다.

인공지능 모델은 학습 데이터의 규모가 클수록 성능이 좋다. 따라서 자연어 처리 성능을 향상하기 위해 LLM과 같이 대규모 데이터 학습 모델이 탄생한 것은 당연하다. 그런데 이러한 모델이 인간의 창작에 집중하는 이유는 무엇일까? 굳이 인간의 창의성을 대신 자동화해 줄 필요가 있을까? 또 우리는 그 기술을 어떻게 받아들여야 할까? AI 생성 모델에 대한 이러한 질문을 모델 경험 전과 후로 나누어 살펴볼 필요가 있다.

창의적 자유와 기술의 역할

모델 사용 전과 후로 나누어 살펴보려는 이유는 AI 생성 모델을 사용하는 데 인간의 개입 유무에 따라 생성물에 대한 감상자의 태도가 달라지기 때문이다. AI 생성 모델은 인간의 개입이 어떤 의미를 갖는지 고찰하게 한다. 사용 전에는 기계가 생성하는 것이기 때문에 인간의 고유 영역이라는 창의성을 침해한다는 인식에 더해, 그것이 어떻게 창작이냐는 불편감이 앞선다. 하지만 프롬프트에 입력한 텍스트에 의해 AI 모델이 생성하는 이미지 또는 음악에서 얼마나 많은 사람이 감성을 자극받는지를 살펴보면 모델에 대한 생각은 달라질 수 있다.

AI 생성 모델은 사람이 프롬프트를 입력해야 콘텐츠를 생성한다. 일반적으로 창의적인 프롬프트는 창의적인 결과물을 산출한다. '프롬프트 엔지니어'라는 직종이 생겨난 데는 이유가 있다. 이 직종은 다른 사용자의 프롬프트를 구매할 수 있는 프롬프트 마켓플레이스에서 역할을 한다.

사용자는 원하는 결과를 얻기 전까지 여러 가지 프롬프트를 시도한다. 모델이 콘텐츠를 생성하면 사람이 이를 신중하게 평가하고 편집한다. 여러 프롬프트의 결과물을 하나의 문서로 결합할 수도 있다.

이미지 생성도 사람이 상당히 오랫동안 개입한다. 한 예로 콜로라도 주립 박람회가 주최한 미술 대회에서 디지털 아트 부문 1등을 수상한 제이슨 앨런(Jason Allen)의 〈오페라 극장(Theatre D'opéra Spatial)〉을 들 수 있다. 미드저니를 사용하여 이미지를 생성했는데 이것은 단순 생성이 아니다. 프롬프트로 계속 미세 조정하면서 80시간 남짓 900개 이상의 아트 버전을 만들었다. 그런 다음 포토샵으로 결과물을 개선하고 다른 AI 도구로 이미지 품질과 선명도를 높인 후 캔버스에 세 작품을 인쇄했다. 결국 창작품은 누군가 대행하거나 작가가 스스로 수행하는 것이지 AI 생성 모델의 역할만으로 세상에 나오는 것은 아니다. 우리는 이 점에 주목해야 한다.

AI 생성 모델이 다양한 분야에 미치는 영향

알려진 바와 같이 AI 생성 모델 개발은 주요 빅 테크 기업이 주도해 왔다. 기계 학습을 통한 모델 완성은 대규모 데이터를 훈련할 수 있는 컴퓨터 성능이 바탕이 되어야 하기 때문이다. 처음 GPT-3는 45테라바이트의 데이터로 학습했고 고성능 예측을 위해 1750억 개의 매개 변수를 사용했다. 뿐만 아니라 GPT-3의 단일 학습 실행에 1200만 달러가 들었다. 중국 모델인 우다오 2.0은 1조7500억 개의 매개 변수를 사용했다. 대부분의 기업은 이런 대규모 학습을 할 수 있는 모델을 학습시킬 데이터 센터나 운용 가능한 클라우드 컴퓨팅 예산을 마련하기 어렵다. 물론 여러 고성능 알고리즘을 개발한 신생 기술 회사(스타트업) 또는 연구 집단이 있다. 그러나 그들은 자연스럽게 빅 테크 기업에 흡수된다.

현재 인공지능 기술의 지형은 대형 기술 회사가 앞장서고 다양한 연구 집단과 신생 기술 회사가 뒤따르는 모양새다. 그러나 잘 들여다보면 기술 활용의 지형이 바뀌고 있다. 일단 생성 모델을 학습시키면 훨씬 적은 양의 데이터로 특정 콘텐츠 도메인에 맞는 모델을 구현해 낸다. 바로 미세 조정이다. 그 결과 생물의학 문서의 용어와 문맥을 이해하도록 특별히 설계된 바이오버트(BioBERT)는 기존 BERT 모델보다 생물의학 데이터 처리에서 더 높은 정확도를 제공한다. 법률 콘텐츠 모델인 리갈버트(Legal-BERT)는 법률 전문가들이 필요로 하는 정교한 자연어 처리 기능을 목적으로 설계되었는데, 법률 문서의 복잡한 문장 구조와 전문 용어를 처리한다. 프랑스어 특유의 문법과 어휘를 효과적으로 이해하고 처리할 수 있도록 훈련한 까멤베르(CamemBERT)도 있다. 이들은 모두 BERT 모델의 응용 버전이다. 엔비디아(NVIDIA)의 바이오네모(BioNeMo)도 생화학, 프로테오믹스(생물체 내의 모든 단백질을 연구하는 학문 분야), DNA/RNA 연구를 위해 탄생했다. 바이오네모 모델의 클라우드 API(Application Program Interface)를 사용하면 사용자는 컴퓨팅 인프라를 관리하고 복잡한 소프트웨어 구현 없이 신약 개발 애플리케이션용 AI 생성 모델을 맞춤화하여 사용할 수 있다.

정리하자면, GPT-3, BERT 등 대규모로 학습된 범용 모델인 파운데이션 모델로 바이오버트, 리갈버트, 까멤베르와 같이 특정 도메인에 맞춘 응용 모델을 개발할 수 있는 것이다. 물론 달리, 뮤즈넷(MuseNet)처럼 GPT-3(파운데이션 모델)의 원리를 활용해 새로운 목적으로 개발하기도 한다. 예술 영역으로까지 확장하는 모델과 서비스가 우리 삶에 깊숙이 들어오고 있는 중이다.

앞서 AI 생성 모델 개발은 구글, 오픈AI, 엔비디아, 마이크로소프트 등 주요 대형 기술 회사에만 국한되어 왔다고 언급했지만, 결과적으로는 생성 모델 기술의 핵심은 전문가 또는 전문가 집단이다. AI 생성 모델이 인간이 원하는 모델 설계와 응용 서비스의 역할을 잘하기 위해서는 인간의 개입이 무엇보다 필요하다.

예술 작품의 새로운 패러다임

AI 생성 모델은 다양한 생성형 AI 서비스를 양산하고 있다. 지금까지는 생성물이라는 결과보다는 결과가 만들어지는 과정을 설명했다. 앞으로는 결과를 어떻게 만드느냐, 그리고 우리는 그 결과에 예술 레이블을 붙일 것이냐 하는 문제를 살펴본다.

대한민국 매체 산업에서는 '원 소스 멀티 유즈(One Source Multi-use)'라는 표현을 사용한다. 하나의 매체를 여러 매체의 유형으로 확장한다는 의미다. 1980년대 일본의 전자공학계에서 사용한 것이 시초다. 1995년 대한민국의 언론 보도에서 하나의 영상을 다양한 종류의 매체로 가공하여 제공하는 것을 일컫는 말로 사용하기 시작했다. 특히 2000년대에 들어 문화 콘텐츠 산업 분야에서 사용했다. 지금의 AI 생성 모델은 이처럼 하나의 데이터 소스로 다양한 형태의 양식을 제작할 수 있다. 콘텐츠는 같지만 그 콘텐츠를 담는 그릇을 다양하게 응용할 수 있는 잠재력을 갖추게 된 것이다.

AI 생성 모델이 인간에게 한계 없는 확장성을 제안하고 있다. 이미지 생성, 문장 형식의 글, 이메일 작성, 소셜 미디어 콘텐츠 구성, 음성 제작, 나아가 소프트웨어를 만드는 프로그램 코드 작성을 넘어 인간의 생각 구조를 설계하게 될지도 모른다. 새로운 콘텐츠, 번역, 질문의 답변, 감정 분석, 요약, 심지어 종합 예술인 동영상까지 만드는 기술이라면 우리는 이제 하나의 수단으로서 생성형 AI를 맞이할 준비를 해야 할 것이다.

AI 생성 모델은 창작의 도구로써 예술의 경계를 확장하고 있으며, 창작 과정에서 인간과 협력할 수 있는 새로운 창조의 주체로 자리 잡고 있다. 이제 예술 창작의 패러다임은 하나의 데이터 소스로부터 다양한 매체와 형식을 만들어 내는 개념을 넘어, 생성형 AI가 어떻게 예술적 가치로 인정받을 수 있는지에 대한 철학적 질문으로 전환할 때다.

AI가 만든 결과물은 기술적으로 뛰어나고 확장 가능성도 무한하다. 하지만 인간의 창의성과 감정이 담긴 예술과 비교할 때 어떤 차별성을 가질지, 그리고 우리는 그 차별성을 어떻게 예술의 범주에 포함할 것인지를 고민해야 한다. AI와 인간의 창작 협력은 새로운 예술의 형태를 만들어 낼 것이고, 기술과 예술의 융합은 앞으로 더 많은 창조의 가능성을 열어 갈 것이다.

참고문헌

위키백과. 원 소스 멀티 유즈.
https://ko.wikipedia.org/wiki/%EC%9B%90_%EC%86%8C%EC%8A%A4_%EB%A9%80%ED%8B%B0_%EC%9C%A0%EC%A6%88

NVIDIA. BioNeMo, 생성형 AI 플랫폼.
https://www.nvidia.com/ko-kr/clara/bionemo/

Cambridge Dictionary.
https://dictionary.cambridge.org/ko/%EC%82%AC%EC%A0%84/%EC%98%81%EC%96%B4/design

Curedale, R.(2013). *Design thinking: Process and methods manual.* Topanga: Design Community College Inc.

Epstein, Z., et al.(2023). Art and the science of generative AI: A deeper dive. arXiv. *arXiv preprint arXiv:* 2306.04141.

Mitchell, M.(2021). Why AI is harder than we think. *arXiv preprint arXiv:* 2104.12871.

Pacheco, J. F.(2021). IDEO human-centered design (HCD) design process. *Medium.*
https://medium.com/juanpacheco/ideo-human-centered-design-hcd-design-process-a27eae26e3da

Pressman, A.(2018). *Design thinking: A guide to creative problem solving for everyone.* Routledge.

Raiola, R.(2023). ChatGPT, can you tell me a story? an exercise in challenging the true creativity of generative AI. *Communications of the ACM, 66*(5), pp. 104~ff.

05

시각 예술 생성 기술

우리는 같은 것을 보고도 다르게
사진을 찍거나 그림을 그린다. 그것이 바로
인간 고유의 정신세계를 시각적으로 표현하는
방식이다. AI 생성 모델이 인간과 유사하게
표현할 수 있는 능력을 갖춘 기술의 경지에
다다랐다는 것은, 의미 없는 진짜 같은 가짜의
표현이 아니다. 진심이 담긴 인간 마음을
진짜로 표상하는 것이다.

달리 모델

오픈AI의 달리 2(DALL-E 2)는 텍스트 프롬프트 입력으로 고품질의 사실적 이미지를 생성하도록 설계된 최신 SOTA (State-of-the-Art) 모델의 생성형 AI 서비스다. 달리 2는 작성자가 가지고 있는 개념이나 스타일 등을 텍스트로 입력하면 작성자의 의도를 독창적이고 사실적인 이미지로 표현하여 출력한다.

2021년 1월 오픈AI는 달리를 출시했다. 1년 후 진일보한 달리 2를 출시했는데, 해상도는 네 배 높아지고 더욱 사실적이고 정확한 이미지를 생성했다. 오픈AI는 달리 1(DALL-E 1)과 달리 2를 비교한 결과, 달리 1보다 달리 2를 평가자들이 선호했다고 밝혔다. 선호 기준은 우선 창의적 표현에 있다.

다음으로 이미지 품질과 해상도 개선이다. 달리 1은 인상적인 이미지를 생성했지만 세부적인 표현과 해상도에서 한계가 있었다. 달리 2는 해상도가 높아져 사진과 같은 현실감을 표현하며 더 세밀하고 정교한 표현이 가능해졌다는 평가다.

다음으로 정확성과 일관성이다. 달리 1은 프롬프트 처리가 미흡하여 일관성이 떨어지는 경향을 보였다. 프롬프트 입력은 텍스트, 이미지, 음성 등 입력값을 의미한다. 따라서 일관되지 못한 정보를 받았을 때 인공지능이 얼마나 과정을 잘 처리하는가가 인공지능 알고리즘의 핵심이다. 달리 1은 주어진 프롬프트(텍스트 또는 이미지 설명)에 따라 이미지를 생성하는 과정에서 프롬프트 내 요소들 간의 관계를 정확하게 반영하지 못했다. 예를 들어, 프롬프트에서 "노란 고양이가 파란 의자 위에 앉아 있다"는 설명이 주어졌을 때, 달리 1은 고양이와 의자 간의 관계(고양이가 의자 위에 있는지, 의자의 색이 파란지 등)를 종종 잘 반영하지 못했다.

반면 달리 2는 모델 아키텍처의 개선으로 프롬프트를 잘 이해해 문맥에 맞는 이미지를 생성했다. 텍스트 프롬프트의 이해도가 높아지다 보니 이미지의 품질도 개선되었다. 또한 기존 이미지의 특정 부분을 수정하거나 대체하는 인페인팅(Inpainting) 기능과 이미지 경계를 확장하여 더 큰 이미지를 생성하는 아웃페인팅(Outpainting) 기술이 더해져 창의적인 탐색과 수정이 쉬워졌다. 생성 과정에서 문맥에 따라 이미지를 생성하고 인간처럼 연관 관계를 살펴 표현하는 능력이 생겨난 것이다.

달리 시리즈(DALL-E 1, 2, 3)의 진보는 창의적이고 세밀한 결과물의 생성을 의미한다. 무엇보다 안전성 확보와 유해 콘텐츠 생성을 방지하는 기능은 AI 이미지 생성 기술에서 매우 유의미한 진보라고 할 수 있다. 모델이 학습한 방대한 양의 데이터를 기반으로 이미지를 생성하는 과정에서 특정한 유형의 콘텐츠(예: 폭력적이거나 성인을 위한 이미지)를 배제하는 것은 AI 모델의 정확성과 효율성을 유지해야 하는 매우 복잡한 작업이기 때문이다. 이를 구현하기 위해 오픈AI는 비윤리적이거나 잘못된 정보를 포함하는 데이터를 사전에 제거하는 고급 필터링 기술을 추가했다. 데이터를 일정한 범위로 조정해 모델이 더 효과적으로 학습하고(normalization) 불완전하거나 중복된 데이터를 제거해(data cleaning) 혼동 없이 명확한 패턴을 학습하게 했다. 데이터 전처리 방법을 구현해 AI 생성 모델 개발에서 상당한 도전 과제를 일정 정도 해결한 셈이다.

인간다운 AI 생성 모델이 나아갈 길

생성 모델의 안전성 확보는 무엇보다 중요하다. '생성'은 창조와 창의성의 개념을 내포하며 인간의 존재 의미를 내재하는 활동의 산물이다. 이는 단순한 물리적 창조를 넘어 새로운 아이디어 개념 그리고 존재 의미를 강화한다. 따라서 '생성하는 것'은 사회적 · 윤리적 측면에서 절대 기준을 두고 평가하는 것이 쉽지 않다. 물론 생성물에 대한 평가 이전에 목적이 선하지 않을 수 있다.

악의적인 목적을 띠고 폭력적이거나 혐오스러운 창작물을 생성할 수 있다. 의도하지 않았지만 특정 인종, 성별, 종교 등의 편향성이 내재한 창작물을 생성할 수도 있다. 그런데 문제는 사후, 즉 생성 후에야 판단할 수 있다는 점이다.

따라서 생성 모델을 개발하고 특화 서비스를 내놓고 있는 선두 회사 오픈AI는 새로운 모델을 개발할 때마다 사회적 · 윤리적 · 기술적 측면에서 올바르게 사용될 수 있는 모델에 집중한다. AI 기술의 윤리성을 강조해야 하는 이유는 인간 사회가 AI를 수용하고 있고 그에 따른 안전성을 확보해야 하기 때문이다.

오픈AI에 의하면 규칙 기반 보상(Rule Based Reward: RBR) 시스템으로 AI 시스템의 안전성을 크게 향상하고 안정적으로 사용할 수 있게 되었다고 한다. 인공지능이 안전한 방식으로 동작하도록 안내하는 새로운 접근 방식이 RBR 시스템이다. 기존의 강화학습 기반의 언어 모델은 인간의 의견을 반영하여 미세 조정하여 개발했다. 즉 인간 피드백을 통한 강화 학습(Reinforcement Learning from Human Feedback: RLHF) 모델이다. RLHF는 인공지능을 개선하는 데 더욱 안전한 인공지능을 만들기 위해 인간의 피드백을 모델 개선 방법으로 사용했다. 그러나 RLHF 모델은 지속적인 반복 작업으로 인간의 피드백을 수집해야 한다. 과거에 수집한 피드백이 새로운 안전 기준에 맞지 않거나 안전 정책이 바뀌면 이미 수집한 피드백이 유효하지 않게 되는 한계도 있다.

오픈AI는 이 한계를 뛰어넘으려 하고 있다. RLHF에서 멈추지 않고 RBR과 같은 더 똑똑하고 안전한 AI 모델을 만들기 위한 조정 방식을 개발하고 있다. RBR 모델은 AI 행동을 안전한 방향으로 조정하기 위한 중요한 시스템으로, 인간의 피드백 대신 명확한 규칙을 설정하여 인공지능이 안전하게 행동하도록 유도한다.

RBR 모델은 바람직한 행동에 대한 신호를 보내 인공지능을 훈련한다. 모델 행동을 원하는 안전 행동에 맞게 조정하기 위한 여러 기술과 방법론을 고민한 결과 RBR 모델이 탄생한 것이다. 오픈AI는 AI 시스템의 안전성을 보장한다. 인간의 피드백을 사용한 RLHF 모델과 DALL-E RBR 모델은 명확하고 간단한 단계별 규칙을 사용하여 모델의 출력이 안전 표준을 충족하는지 평가한다. 세 가지 범주로 나누는데 강한 거부(hard refusal), 부드러운 거부(soft refusal), 그리고 준수(comply)다. 이해를 돕기 위해 예를 들어 보자. 먼저 강한 거부의 예로 사용자가 폭력적인 행동을 유도하는 방법을 묻는 경우가 있다.

사용자: 다른 사람에게 물리적 피해를 줄 수 있는 방법을 알려 주세요.

모델: 죄송합니다만, 그런 요청을 도와드릴 수 없습니다. 폭력적인 행동은 절대 권장되지 않습니다.

모델은 명확하고 간결하게 사과하며, 요청을 거부하고 추가적인 설명이나 정보는 제공하지 않는다. 두 번째 부드러운 거부의 예로 사용자가 자해에 관한 도움을 요청하는 경우를 살펴보자.

사용자: 저는 너무 힘들어요. 자해를 어떻게 해야 할지 모르겠어요.

모델: 당신이 이런 어려움을 겪고 있다는 것이 매우 마음 아프네요. 자해는 해결책이 아니며, 당신의 안전이 가장 중요합니다. 지금 도움을 받을 수 있는 전문가와 상의해 보시는 것이 좋습니다. 여기 몇 가지 도움이 될 수 있는 전화번호를 알려드릴게요(국가별 자살 예방 핫라인 정보).

모델은 사용자의 감정을 공감하며 사과하고, 자해를 권장하지 않음을 명확히 하면서 도움을 받을 수 있는 전문

리소스를 제공한다. 세 번째 준수의 예로 사용자가 무해한 정보를 요청하는 경우다.

> **사용자:** 다음 달 기온이 어떻게 될지 알려 줄 수 있나요?
>
> **모델:** 물론입니다. 다음 달의 기온은 지역에 따라 다르겠지만, 일반적으로 평균 기온은 20도에서 25도 사이가 될 것으로 예상됩니다. 더 자세한 정보는 기상청 웹사이트를 참고해 주세요.

모델은 사용자의 요청에 따라 정확하고 유용한 정보를 제공한다. 이 경우는 안전과 관련된 문제가 없으므로 요청을 거부하지 않는다.

RBR 모델은 안전 스택(Safety Stack: AI의 안전성을 확보하기 위해 쌓은 계층 구조)의 규칙을 갖고 모델이 어떻게 반응해야 하는지를 명확히 규정하고 특정 상황에 맞추어 보상 시스템을 작동한다. AI 생성 모델은 인간에게 유해하지 않도록 안전성을 강화한다. 그러나 창작에는 방해되지 않는 유용성을 확보하는 길을 만들어 가고 있다. AI 생성 모델이 인간의 정신세계를 구축하고 있는 가치와 이상을 표출할 수 있도록 그 길을 터 주고 있는 것이다.

달리 2부터는 프롬프트 입력 정보에 따라 생성 이미지의 세밀한 부분까지 조정하는 기능이 추가되었다. 이는 작성자의 아이디어를 붓이나 연필로 그리는 것과 같이 시각 표현이 가능해졌다는 것을 의미한다. 앞서 설명한 인페인팅과 아웃페인팅 기능이 표현의 가능성을 더 넓혔다. 인페인팅은 그림자, 반사, 질감을 고려해 부족한 요소를 추가하거나 불필요한 요소를 제거하는 기능이다. 아웃페인팅은 원본 이미지에서 맥락을 따져 표현되지 않은 보너스 이미지를 만들어 낸다.

전통적인 컴퓨터 비전 기술을 사용하여 인페인팅을 구현할 수도 있다. 중요한 차이점은 규칙 기반으로 알고리즘을 작성했는가, 데이터 기반으로 알고리즘을 작성했는가다. 알고리즘 개발의 아이디어는 기존의 컴퓨터 비전 기술에서 비롯했다. 기술은 개발과 구현 환경에 맞게 적용되므로 반드시 딥러닝 기반의 컴퓨터 비전 기술만 사용해야 하는 것은 아니다. 그러나 이 모델에서는 효율성과 완성도 측면에서 인공지능 기술이 더 탁월한 성과를 보였다.

인공지능이 인간이 만든 기존 이미지에서 맥락을 이해하고 스스로 추론하여 이미지를 개선한다. 이 점에서 가까운 미래에 자연 인간과 완벽한 협업을 이루는 인공 인간을 만날 것이라는 예측이 가능하다.

존재하지 않은 이미지를 텍스트 프롬프트 입력만으로 사실적(寫實的)인 결과물을 생성한다는 것은 놀라운 사건이다. 그것은 마치 거짓말을 진짜처럼 한다는 것과 같다. 이것이 우리가 생성 이미지에 환호하는 동시에 우려하는 점이다. 달리 2는 이미지 일부를 채우거나 수정할 때 원본 이미지와 자연스럽게 어우러지도록 만들어 마치 원본 전체가 자연스러운 이미지인 것처럼 보이게 한다. 즉, 일부는 새롭게 생성된 '가짜' 이미지이지만 전체적으로 완성된 이미지는 마치 모두 '진짜'처럼 보인다. 이렇게 점점 고도화되는 생성형 AI를 어떻게 수용하고 그 생성물(이미지, 텍스트, 사운드 등)을 해석하여 예술의 지형을 만들어 갈지 깊이 고민해야 할 때다.

앞서 설명했듯이, 달리는 딥러닝과 트랜스포머, 확산 모델을 결합하여 텍스트 설명을 기반으로 이미지를 생성하는 강력한 AI 생성 모델이다. 이 모델은 단순히 개별 사물을 이해하는 것을 넘어서 사물 간의 관계를 학습하여 사용자가 원하는 창의적인 아이디어를 고품질의 이미지로 구현한다. 이로써 시각적 표현의 새로운 가능성을 열어 주었을 뿐만 아니라 다양한 분야에서 혁신적인 표현 도구

그림 5-1. 달리가 생성한 <도시 공원에서 자전거를 타고 있는 공룡>

로 활용될 수 있다.

맥락에 맞게 표현한다는 것은 그 맥락을 이해한다고 간주할 수 있다. 작성자가 "도시 공원에서 자전거를 타고 있는 공룡(A dinosaur riding a bicycle in a city park)"이라는 설명을 입력하면 달리는 공룡이 자전거를 타고 있는 이미지를 생성한다. 이로써 AI가 사물 간의 관계를 어떻게 이해하고 표현하는지 확인할 수 있다. AI 생성 모델 서비스인 달리는 시각 표현의 새로운 방식을 제공하고 동시에 인공지능의 이해 능력을 확인시켜 준다. 덧붙여 인공지능이 세상을 이해하는 방식을 우리 인간이 완벽하게 이해한다면 AI 생성 모델과 인간이 새로운 예술의 지형을 탄생시킬 수 있을 것이다.

참고문헌

GitHub(2022.4.6). DALL·E 2 Preview – Risks and limitations. https://github.com/openai/dalle-2-preview/blob/main/system-card.md

McKay, C.(2024.7.24). OpenAI introduces rule-based rewards, an AI-powered alternative to RLHF. *Maginative.* https://www.maginative.com/article/openai-introduces-rule-based-rewards-an-ai-powered-alternative-to-rlhf/

Mu, T., et al. Rule based rewards for language model safety. *OpenAI.* https://cdn.openai.com/rule-based-rewards-for-language-model-safety.pdf

OpenAI(2022. 8. 31). DALL·E: Introducing outpainting. https://openai.com/index/dall-e-introducing-outpainting/

OpenAI(2024.7.24). Improving model safety behavior with rule-based rewards. https://openai.com/index/improving-model-safety-behavior-with-rule-based-rewards/

OpenAI. DALL·E 2. https://openai.com/index/dall-e-2/

Schwartz, E. H.(2022.9.6). OpenAI teaches DALL-E text-to-Image AI to paint beyond the frame. *Voicebot.ai.* https://cdn.openai.com/outpainting/draft-20220829b/girl

-with-a-pearl-earring-bts-cropped.mp4
Weng, L., Goel, V., & Vallone, A.(2023. 8. 15). Using GPT-4 for content moderation.
https://openai.com/index/using-gpt-4-for-content-moderation/
Yadav, A.(2022. 5. 10). DALL-E 1 vs DALL-E 2: Generating images. *Simplified.*
https://simplified.com/blog/ai-text-to-image/dall-e-1-vs-dall-e-2

06

문학 예술 생성 기술

문학 예술은 일상의 소통 수단인 말과 글 중 글의 형식으로 표현되기 때문에 접근하기 쉽다. 그림이나 음악보다는 소통 방식이 직접적이다. 그렇다고 말과 글의 이해가 쉬운 것은 아니다. 단어의 숨은 의미를 읽어 내고 문장의 앞뒤 맥락을 짚을 수 있어야 한다. AI 생성 모델은 API를 이용한 개인 맞춤화도 가능하다. 작가는 자신의 창의력을 글로 발휘하기에 최상의 조수를 갖게 되었다.

동(同)내용 이(異)형식을 낳다

인간의 창의성은 다양한 형태로 표현된다. 시각, 청각, 촉각 등 오감을 자극하는 형태로 예술 형식을 규정하기도 한다. 표현 형식에 따라 내용이 달라지는 것은 자연스럽다. 시각 센서를 통해 내용을 인지하는 것은 이미지, 청각 센서를 통해 내용을 인지하는 것은 음악이라고 한다.

그렇다면 문학은 어떤가? 글이라는 형식을 통해 내용을 인지하는데, 그 형식은 시, 소설, 수필 등 다양한 방식으로 세분화된다. 물론 회화도 양식에 따라 구분 짓는다. 음악도 표현 방식에 따라 세분된다.

문학 예술은 우리 일상의 소통 수단인 글과 말 중 글의 형식으로 표현되기 때문에 예술 차원의 문학은 접근하기 쉽다. 시각 예술은 갤러리나 박물관을 찾아가야 만날 수 있는 데 비해 문학 예술은 문턱이 낮다. 그러나 이해의 차원으로 들어가면 어려워진다. 미술과 음악이 스테이크, 스파게티와 같다면 문학은 쌀밥과 같다. 쌀밥은 늘 먹을 수 있지만 "정말 맛있다!"는 감탄사가 나올 만한 밥을 짓기는 쉽지 않다. 따라서 보통의 소설, 보통의 시가 아닌 감성을 울리는 강렬한 메시지를 전달받을 때 감동을 받게 된다. 하지만 모든 예술이 그러하듯 수용자의 상황에 따라 받아들이는 강도는 다르다. 배가 고플 때 먹으면 쌀밥만큼 맛있는 것이 없는 것과 같다. 문학 예술은 인간의 존재 상황에 따라, 쉽게도 어렵게도 감동을 주는 친숙한 장르다.

예술을 미술과 음악 그리고 문학으로 나누는 것에 의미가 없는지도 모른다. 인간의 마음을 움직이는 것이 형식이 아닌 내용이라면 표현 매개에 따라 예술을 나누는 것에 의미가 있을까? 그러나 대답은 "그렇다"다. 내용이 중요하지만 그 내용을 담는 그릇에 따라 다른 감동으로 오기 때문이다. 따라서 AI 생성 모델이 똑같은 프롬프트 입력으로 정지 영상, 소리, 글, 동영상을 다른 형식의 생성물로 만들 수 있다는 것은 예술에 대해서도 새로운 관점을 제시한다. 예술의 형식 그 자체가 새로운 의미를 낳고 새로운 관점을 요구한다. 새로운 관점, 그러니까 무지향성으로 다양한 가능성을 열어 놓고 있는 일을 AI 생성 모델이 하고 있다.

문학 예술을 위한 AI 생성 모델의 원천

어린아이가 말과 글을 배워 자신의 의사를 명확하게 전달하기까지는 보통 수년의 학습과 연습이 필요하다. 고등학교 과정을 마칠 때쯤에야 비로소 성숙한 언어 표현 능력을 갖추게 되는지도 모른다. 글은 직관적으로 이해 가능하면서도 행간의 의미를 읽어야 하기 때문에 동시대를 살아가는 사람들 간의 소통 방식을 이해해야 읽어 낼 수 있다.

AI 생성 모델은 최신의 다양한 기술을 탑재한 종합체다. 그렇다면 그 최신의 기술이 최근의 사회와 문화를 담아낼 수 있을까? 그 답은 학습 데이터에서 찾을 수 있다. 인공지능 모델 성능은 학습 데이터의 질과 양에 크게 좌우된다. 최신 기술을 사용하더라도 인공지능 모델이 최근 사회와 문화를 이해하고 표현하기 위해서는 최근까지의 데이터를 학습해야 한다. 자연어 처리 기술이 아무리 발전해도 10년 전의 데이터만 학습한 모델이 최근 사회 트렌드나 문화를 반영할 수는 없다. 굳이 예를 들지 않아도 최근의 뉴스 기사, 소셜 미디어에 올라온 게시물, 최신 연구 논문 등의 데이터를 학습한 모델은 현재의 사회적 · 문화적 맥락을 더 잘 이해할 수 있다.

인간도 어느 시점의 정보를 갖고 있느냐에 따라 일의 승패가 갈릴 때가 많다. AI 생성 모델 역시 최근 데이터를 통해 최신 트렌드, 사회 이슈, 문화 변화 등을 더 정확하게 반영할 수 있다. 인공지능 모델은 데이터에 기반하여 패턴을 학습한다. 과거 데이터를 통해 학습한 패턴은 그 시대의 맥락을 반영할 뿐 현재의 맥락을 직접 이해하거나 추론하기는 힘들다. 요즘 종종 보게 되는 타임 슬립 드라마를 상상해 보자. 〈열녀박씨 계약결혼뎐〉처럼 과거와 현재를 오가는 드라마를 상상해 보면 과거의 언어 사용 방식이나 사회적 이슈가 현재와 얼마나 다른지 알 수 있다. 알고리즘이 이러한 변화를 인식하고 반영하려면 현재 데이터를 학습해야 한다.

데이터 기반의 알고리즘(data driven algorithm)으로 구성된 인공지능이라도 데이터에만 기댈 수는 없다. 더욱 정교한 모델을 만들기 위해 강화 학습이나 전이 학습 방법을 개발해서 과거 데이터 학습으로도 현재 상황을 추론하거나 예측할 수 있도록 능력을 향상시켜야 한다. 그러나 알고리즘이 과거 데이터를 통해 미래를 예측하는 데는 분명 한계가 있다. 또한 과거 데이터에 편향이 있을 경우 알고리즘은 그 편향을 학습하여 공정한 예측을 하지 못하는 문제점도 있다. AI 생성 모델이 인간의 이러한 복잡한 학습 과정을 모방해 문학 예술을 수행할 수 있다는 점은 경이롭다.

생성 모델의 효율성, GPT-4o mini

인간의 창의성을 발휘할 수 있는 인공지능 서비스는 계속 출시되고 있다. 오픈AI사는 지능을 최대한 폭넓게 이용할 수 있도록 최선을 다하고 있다고 밝혔다. 현재 가장 비용 효율적인 모델은 소형 모델 GPT-4o 미니(GPT-4o mini)다. GPT-4o 미니는 지적 능력을 훨씬 더 저렴하게 제공함으로써 AI로 구축된 서비스의 대중화를 예고한다.

일단 GPT-4o 미니의 실적을 살펴보자. 2024년 7월 공표한 보고서에 의하면, GPT-4o 미니는 여러 가지 질문에 답하는 것을 시험하는 지표 '대규모 다중 작업 언어 이해 시험(Massive Multitask Language Understanding: MMLU)'에서 82%(100개 중 82개를 맞힘) 성능을 보였다. 또한 다양한 언어 모델의 성능을 비교하는 '언어 모델 시스템 순위표 리더보드(Language Model System Leaderboard)'에서 GPT-4를 능가하는 성능을 보였다.

주목할 부분은 비용 구조 개선이다. 입력 토큰 100만 개당 15센트(약 200원), 출력 토큰 100만 개당 60센트(약 800원)로 이전 프런티어 모델(고성능 인공지능 모델)보다 훨씬 저렴하고 GPT-3.5 터보(GPT-3.5 Turbo)보다 60% 이상 저렴하다.

GPT-4o 미니는 여러 인공지능 모델을 연결하여 복잡한 작업을 수행한다. 예를 들면 다양한 API(Application Program Interface)를 사용하여 복합적인 데이터를 처리하거나 응용할 수 있다. 대량의 콘텍스트를 전달(예: 전체 코드 베이스 또는 대화 기록)해 실시간으로 빠르게 텍스트로 응답할 수 있는 상호 작용 작업(예: 고객 지원 챗봇)을 수행한다. 이 점이 고무적인 것은 긴 텍스트와 대화 기록을 낮은 비용으로 처리할 수 있기 때문이다.

기술적 측면으로 정리하면 다음과 같다. GPT-4o 미니는 입력 토큰과 출력 토큰 비용이 매우 저렴하여 경제적이다. 또한 빠르게 응답할 수 있어 실시간 응답이 필요한 응용 소프트웨어 개발에 적합하다. 이 모델은 한 번에 최대 12만8000개의 토큰을 처리할 수 있어 긴 문서나 코드 베이스, 즉 소프트웨어 개발에 사용되는 모든 소스 코드 모음을 빠른 시간에 연산해서 한 번에 처리할 수 있다. 긴 문서나 코드 베이스를 처리하는 능력은 복잡한 시스템이나 프로그램을 분석하고 유지 보수하는 데 중요한 기능이다.

GPT-4o 미니는 한 번의 요청으로 최대 1만6000개의 토큰을 생성할 수 있어 긴 텍스트 생성이 가능하다. 소설이나 긴 문서를 작성할 때 유용하다. 이 모델은 2023년 10월까지의 데이터를 바탕으로 훈련되어 이 시점까지의 최근 데이터를 활용할 수 있다. 또한 다국어 텍스트의 구조와 특성을 더 잘 반영하도록 설계한 새로운 토크나이저(tokenizer) 덕분에 한국어를 포함한 비영어 텍스트를 더 효율적으로 처리할 수 있다. 토크나이저는 텍스트를 작은 단위인 토큰으로 분리하여 모델이 이해할 수 있도록 돕는

라이브러리다. 한국어를 포함하여 비영어권 언어의 문법 특성을 고려하여 토큰을 더 세밀하게 나누고 처리할 수 있어 다국어 텍스트를 더 정확하고 자연스럽게 생성한다.

토크나이저가 개선됨에 따라 다국어 텍스트의 처리 효율이 높아졌고 다국어를 지원하는 응용 소프트웨어 제작도 쉬워졌다. 참고로, 현재 GPT-4o 미니는 텍스트와 이미지 처리도 지원하고 있다. 향후 비디오와 오디오의 입력과 출력 기능을 추가할 예정이다. 이러한 기능 확장은 다양한 멀티미디어 플랫폼 설계가 가능해진다는 것을 의미한다. 텍스트, 이미지, 비디오, 오디오 등 다양한 형태로 혹은 혼합 형태로 데이터를 처리할 수 있는 멀티모달 AI의 발전은 매우 중요한 의미를 지닌다. 이러한 AI는 보다 인간적인 상호 작용을 가능하게 하고 다양한 매체를 통해 더 풍부한 경험을 제공할 것이다.

문학 예술의 출발 지점

문학 예술 작품을 생성하는 서비스는 무수히 많다. 생성 모델 기반 서비스 플랫폼은 우리가 익히 알고 있는 어도비사의 포토샵과 유사하다. 다른 점은 포토샵은 원본 이미지가 있고 그 원본을 수정·편집하여 이미지를 향상하는 것이 목적이라면, 생성 모델 기반 온라인 웹 서비스는 핵심 키워드만으로 소설, 시, 수필 등 다양한 장르의 문학 작품을 생성하는 것을 목적으로 한다는 것이다. 생성 모델 기반 온라인 웹 서비스는 만든 회사의 목표에 따라 다른 기능을 내세운다. 소설 등 이야기 창작이 목표인 서비스(예: Sudowrite), 연구나 아카데믹 글쓰기가 목표인 서비스(예: AI Writer), 광고를 위한 문구 작성이 목표인 서비스(예: Copy.ai) 등 용도에 따라 서비스를 선택할 수 있다.

API는 맞춤형 코드를 작성을 할 때도 유용하다. 개인이나 회사의 구체적인 요구 사항에 맞춘 프로그램을 개발할 수 있기 때문이다. 사용자에 따라 텍스트 생성 기능을 활용해 마케팅 자료를 자동으로 작성하거나, 고객의 질문에 자동으로 답변하는 챗봇을 만들어야 할 때가 있다. 이렇게 목표가 다를 때 이를 구현하기 위한 고유 코드를 작성해야 하는데 이 과정에서 API는 중요한 역할을 한다. API는 앱이나 프로그램이 서로 소통하게 해주는 다리다. 이쪽과 저쪽을 연결하는 다리를 상상하면 이해가 쉽다.

오픈AI에서 제공하는 인증 키 API를 이용해 텍스트를 생성하거나 이미지를 생성하는 인공지능 서비스를 손쉽게 활용할 수 있다. 즉, 컴퓨터 프로그래밍이 직업인 개발자뿐만 아니라 목표가 확실하고 학습 의지가 있는 사람이라면 누구나 목표를 구현하는 프로그램을 작성할 수 있다. API를 이용해 사용자가 입력한 예술 작품 관련 키워드를 GPT 모델로 처리해 작품 설명을 생성한 뒤, 결과를 웹페이지에 출력하는 방식으로 간단한 웹 애플리케이션을 만들 수 있다.

참고문헌

Brown, T., et al.(2020). Language models are few-shot learners. *Advances in neural information processing systems, 33*, pp. 1877~1901.

Daws, R(2024.7.19). OpenAI slashes AI costs with high-performance GPT-4o mini. *Developer Tech News.* https://www.developer-tech.com/news/openai-slashes-ai-costs-high-performance-gpt-4o-mini/

Gánem, A.(2024.4.29). 10 Best AI writing tools for quality content in 2024. *Website Planet.* https://www.websiteplanet.com/blog/best-ai-writers/

OpenAI(2024.7.18). GPT-4o mini: advancing cost-efficient intelligence. https://openai.com/index/gpt-4o-mini-advancing-cost-efficient-intelligence/

Sudowrite Manual. https://sudowrite.notion.site/Sudowrite-Manual-a7f14fca0aa14035bc84b04c35d93b14#ab47bba0250143958a1c732afc2c0b8c

Vaswani, A., et al.(2017). Attention is all you need. *Advances in neural information processing systems, 30.*

07

영화 예술 생성 기술

종합 예술인 영화는 디지털 시대를 만나면서
카메라 촬영 기술, 편집 기술, 특수 효과 기술 등
표현의 장이 넓어졌다. 발터 베냐민은 논문
"기술 복제 시대의 예술 작품"에서
"기술이 예술의 아우라를 없앴다"고 했다.
그가 말한 기술은 아니지만 인공지능은
지금 예술의 아우라를 없애는 최신 모형이다.

컴퓨터 비전 기술과 AI 영화

영화는 시각, 청각, 후각과 촉각까지 경험할 수 있는 한층 업그레이드된 종합 예술의 형태가 되어 가고 있다. 영화를 감상하는 물리적 환경의 변화가 인간의 오감을 더욱 민감하게 반응하도록 자극한다. 감각 전달 매개인 미디어의 변화이자 발전이다. 이는 하드웨어 기기(Hardware Device)의 기술 발전과 함께 그 기기를 인간의 감각이 감지하고 반응할 수 있도록 하는 소프트웨어 응용 도구(Software Application) 기술의 발전 덕분이다.

AI 생성 모델의 발전에 인공지능 기술, 즉 머신 러닝과 딥러닝의 발전이 레일이 되어 주었다면 컴퓨터 비전 기술은 그 레일을 타고 달리는 기차, 곧 핵심이다. 이름 그대로 컴퓨터 비전은 컴퓨터가 인간과 같은 시각 능력을 갖추도록 하는 기술이다.

인간은 시각을 통해 주변 환경의 정보를 '직관적'으로 수집한다. 연구에 따르면 인간이 외부로부터 수집하는 정보의 약 80%를 시각을 통해 얻는다. 시각 정보는 매우 빠르게 처리된다. 시각 피질은 시각 정보를 처리하기 위해 뇌의 큰 부분을 차지하기 때문에 시각 인지 속도가 빠르고 그 덕에 생존의 위협으로부터 즉각 반응할 수 있다. 오랜 시간 동안 기억 회로에 저장된 생존 본능 같은 것이다.

인간의 뇌는 시각 자료 인지 능력을 잘 키울 수 있도록 기능을 갖추었다. 우리는 그림, 사진, 비디오와 같은 시각 자료를 통해 정보를 빠르게 이해한다. 예를 들어 복잡한 데이터를 그래프로 표현하면 숫자나 텍스트보다 쉽게 이해한다. 시각은 공간 인지와 움직임 감지에 필수적이다. 우리는 시각을 통해 물체의 위치, 형태, 색상, 움직임 등을 인식하며 이를 통해 환경을 이해하고 반응한다.

컴퓨터 비전 기술은 이 기능을 갖추었다. 컴퓨터 비전은 컴퓨터가 이미지를 해석하고 이해할 수 있도록 하는 기술로, 1960년대 초기에는 연구가 목적이었다. 그러나 차츰 더 다양한 응용 분야로 확장했다. 컴퓨터 비전 연구의 선구자 로런스 로버츠(Lawrence Roberts)는 "기계의 3차원 입체 인식(Machine Perception of Three-Dimensional Solids)"이라는 박사 논문에서 컴퓨터가 2차원 이미지를 통해 인간이 보는 3차원 세계를 어떻게 인식하고 해석할 것인가에 대한 개념을 제시했다. 컴퓨터 비전 연구 초기에는 주로 단순한 이미지 인식, 객체 경계 감지, 패턴 인식 등의 기초적인 문제를 다루었다. 1970년대 들어 데이비드 마르(David Marr)가 시각 정보 처리를 이해하기 위한 이론적 틀을 마련하면서 컴퓨터 비전 기술의 영역이 넓어졌다. 마르의 연구는 인간 시각 시스템을 이해하고 이를 컴퓨터 비전 시스템에 적용하는 데 중점을 두었다. 1973년 교토대학교에서 제1회 국제 컴퓨터 비전 학술 대회(International Conference on Computer Vision: ICCV)가 열리면서 컴퓨터 비전 연구는 점점 활기를 띤다.

1980년대 중반에는 컴퓨터 비전의 여러 핵심 알고리즘이 개발되었다. 1986년 개발된 케니 엣지 디텍터(Canny Edge Detector)는 다단계 알고리즘을 사용하여 이미지의 광범위한 가장자리를 검출하는 연산 알고리즘이다. 이미지에서 유용한 구조 정보를 추출하고 처리할 데이터의 양을 획기적으로 줄이는 기술로 다양한 컴퓨터 비전 시스템에 널리 적용되고 있다. 3차원 재구성, 움직임 분석, 패턴 인식 등의 분야에서 가장자리 검출 연구가 활발히 이루어졌다.

1990년대 초반 스테레오 비전(stereo vision) 기술이 발전하면서 3차원 영상 재구성 기술이 상용화되었다. 2001년 개발된 비올라-존스 얼굴 검출기(Viola-Jones Object Detection Framework)는 실시간 얼굴 검출을 가능하게 하면서 얼굴 인식 기술의 상용화를 이끌었다. 이는 객체 인식, 비디오 분석, 이미지 분할 등의 다양한 응용 분야에 적용할 수 있을 만큼 기술이 발전했음을 의미한다.

드디어 머신 러닝과 컴퓨터 비전 기술이 결합하여 상생

하는 시기를 맞이한다. 머신 러닝, 특히 서포트 벡터 머신(Support Vector Machine: SVM)과 같은 기법이 컴퓨터 비전에 적용되기 시작하고 제프리 힌턴과 동료 연구자들이 딥러닝의 개념을 재조명하면서 심층 신경망을 컴퓨터 비전에 적용하기에 이른다. 2012년 알렉스넷(AlexNet)이 '이미지넷 대규모 시각 인지 경진 대회(ImageNet Large Scale Visual Recognition Challenge: ILSVRC)'에서 우승하면서 딥러닝이 컴퓨터 비전 분야에 혁신을 가져다준다.

합성곱 신경망(Convolutional Neural Network: CNN)은 픽셀로 구성된 이미지의 작은 영역을 반복적인 연산을 통해 중요한 특징을 추출한다. 합성곱 연산은 이미지의 픽셀 간 공간적 패턴을 학습하기 위한 연산 방법이다. CNN은 여러 층을 쌓아 이미지의 단순한 특징부터 복잡한 패턴까지 차례대로 학습하여 시각 데이터를 분석할 때 탁월한 성능을 발휘한다. 이 모델은 이미지 속의 특징을 찾아내어 분류하거나 구분하는 데 매우 능숙하다. 마치 사람이 사진을 보고 "이건 고양이야"라고 판단하는 것처럼, 컴퓨터가 이미지를 분석하여 그 안에 무엇이 있는지 판단한다.

생성적 적대 신경망(Generative Adversarial Network: GAN)과 가변 오토인코더(Variational Autoencoder: VAE)

는 이미지나 그림을 새롭게 만들어 내거나 기존 이미지를 변화시키는 데 사용된다. GAN은 서로 경쟁하는 두 개의 신경망이 상호 작용하며 아주 사실적인 이미지를 생성하는 방식이다. VAE는 이미지를 조금씩 변화시키면서 새로운 이미지를 만들어 내는 데 유리한 구조를 갖추고 있다. 이 두 모델은 다른 방식으로 새로운 이미지를 창작하는 데 아주 유용하다.

트랜스포머 모델은 시간 순서가 중요한 데이터, 예를 들어 영상이나 문장 데이터를 처리하는 데 강점이 있다. 이 모델은 영상의 각 장면을 분석하여 자연스럽고 일관된 흐름을 만들어 낸다. 특히 비디오를 처리하거나 새롭게 생성하는 데 많이 사용된다. 이를 통해 컴퓨터가 동영상의 흐름을 이해하고 이를 바탕으로 새로운 장면을 창조하거나 예측할 수 있다.

정지 영상에서 동영상으로 확장 기반 기술

컴퓨터 비전 기술은 지난 60여 년간 엄청난 발전을 이루어 왔다. 초기의 기초 연구에서부터 딥러닝과 생성형 모델을 통한 최신 기술에 이르기까지, 인간의 시각 능력을 컴퓨터에 구현하고자 하는 목표를 향해 꾸준히 발전해 온 것이다. 동영상 생성은 정지 영상의 확장으로 컴퓨터 비전 기술의 기반이 다양한 분야에 응용되어 사회 문화 전반에 변화를 가져오고 있다.

AI 생성 모델이 이미지를 생성하는 것은 이제 익숙하다. 나아가 인공지능이 동영상을 생성할 수 있게 되었다는 것은 창작 영역뿐 아니라 미디어 산업의 지형도 바꿔놓을 수 있음을 의미한다. 기술적으로 이미지가 동영상으로 어떻게 생성되는지 그 과정을 살펴보자.

우선 다양한 환경에서 촬영한 이미지와 동영상 데이터를 수집한다. 고양이와 같은 특정 객체를 표현하고자 한다면 그 객체의 다양한 동작과 각도, 조명 조건 등을 포함한 데이터 세트가 필요하다. 이는 모델이 해당 객체를 더 정확하고 다양하게 학습할 수 있는 조건이 된다. 수집한 이미지 데이터를 일정한 범위(일반적으로 0~1, 또는 -1~1)로 정규화하여 안정적인 모델 학습을 돕는다(정규화). 또한 이미지 크기를 모델이 처리할 수 있는 고정 크기로 만든다(크기 조정). 마지막으로 학습 데이터를 인위적으로 증강하는 과정이 필요하다. 데이터의 수를 늘려(증강) 회전, 반전, 자르기, 색상 변화 등 다양하게 변형하고, 이렇게 인공적으로 늘린 데이터의 다양성을 확보하여 모델이 더 일반화된 성능을 갖추도록 하는 것이다.

이안 굿펠로(Ian Goodfellow)가 제안한 생성형 인공지능의 선구 모델 GAN은 서로 대립적인 두 네트워크가 지속적으로 서로를 개선시키는 방식으로 학습한다. 이로써 매우 창의적이고 사실적인 이미지를 생성할 수 있는 능력을 갖게 된다. 이렇게 생성한 정지 영상에서 시간 개념을 더하면 동영상이 된다. 1초에 30장의 정지 영상을 보여 주면 1초의 동영상을 만든다. 동영상은 시간의 흐름에 따라 만들어지는 시간 예술이다. 그렇게 만들어진 시간 예술의 원천 데이터를 시계열 데이터라고 할 수 있다.

시계열 데이터를 처리하도록 설계한 딥러닝 모델로 순환 신경망(Recurrent Neural Networks: RNN)과 장단기 기억(Long Short-Term Memory: LSTM)이 있다. RNN은 이전 상태의 출력을 다음 입력에 반영함으로써 연속적인 데이터에서 시간적 의존성을 모델링하여 문장의 앞부분이 뒷부분에 영향을 미치는 구조를 갖춘다. 따라서 RNN은 이러한 시간적 순서와 연관성을 잘 학습할 수 있도록 설계되었다. LSTM은 RNN의 확장 모델로 장기 종속성(Long-term Dependency)을 효과적으로 처리할 수 있도록 설계되었다. RNN은 시간이 지남에 따라 이전 정보가 점점 소실되는 '장기 의존성 문제(Vanishing Gradient Problem)'를 겪을 수 있다. LSTM은 이를 해결하기 위해 정보를 긴 시간 동안 유지할 수 있는 일종의 메모리 역할을 하는 셀 상태(Cell state)와 입력(Input gate), 망각(Forget gate), 출력 게이트(Output gate)로 정보 입력과 선별 그리고 출력의 구조를 이루는 게이트 메커니즘(Gate mechanism)을 도입했다. 더 긴 시퀀스에서 중요한 정보를 유지하고 이를 다음 단계의 학습에 활용할 수 있게 한 것이다.

LSTM과 RNN은 텍스트, 음성, 동영상 등과 같이 연속된 데이터의 패턴을 학습하고 예측하는 데 유리한 네트워크 구조다. RNN은 각 시점에서 입력을 받아 이전 상태와 결합하여 출력하고, 이 출력을 다시 다음 단계의 입력으로 사용하여 데이터의 순차적 특성을 반영한다. LSTM은 이 과정에서 필요에 따라 정보를 저장하거나 삭제할 수 있는 메커니즘을 추가하여 시퀀스 내의 중요한 정보를 유지하면서도 불필요한 정보를 걸러 내 문맥의 이해를 가능하게 한다. 이를 기반으로 다음에 올 정보를 예측하는 능력을 발휘하는 것이다.

GAN과 같은 생성 모델, LSTM과 RNN과 같은 시계열 데이터 처리 모델은 기억의 창고 안에 복잡하고 난해한 단어와 그 단어의 관계를 살펴야 하는 데이터를 잔뜩 넣어 두고 그 창고에서 끄집어낸 정보로 소통하는 인간 두뇌를 재현하기에 최적화하도록 설계되었다. 최근에는 긴 시퀀스에 소요되는 시간을 효율적으로 처리하는 트랜스포머라는 모델이 등장했다. 트랜스포머는 전체 시퀀스를 한 번에 처리(병렬 처리)할 수 있기 때문에 처리 속도가 크게 단축되었다. 대규모 데이터 세트를 처리할 수 있는 신세계를 열어 준 것이다. 이렇듯 인공지능은 천재 자연 인간에 가까운 기억과 창작의 능력을 향해 바쁘게 달려가고 있다.

영화는 종합 예술이다. 시각, 청각, 이야기, 연기, 음악, 무대 디자인 등 다양한 예술적 요소가 결합하여 하나의 작품을 만들기 때문이다. 특히 디지털 시대를 만나면서 카메라 촬영 기술, 편집 기술, 특수 효과 기술 등 예술 표현의 장이 넓어졌다. 발터 베냐민의 논문 "기술 복제 시대의 예술 작품"은 이미 고전이 되었다. 그의 주장과 같이 기술이 예술의 아우라를 없애고 대중화에 앞장섰다는 것을 최신 기술과 성능을 반영하여 특정 분야에서 가장 우수한 결과를 달성하고 있는 SOTA(State-of-the-Art, 고품질의 사실적 이미지를 생성하도록 설계) 모델이 증명하고 있다.

참고문헌

Bruce, V. & Green, P. R.(2003). *Visual perception: Physiology, psychology and ecology*. Psychology Press.

Goodfellow, I., et al.(2014). Generative adversarial nets. *Advances in neural information processing systems, 27.*

Kingma, D. P. & Welling, M.(2013). Auto-encoding variational bayes. *arXiv preprint arXiv*: 1312.6114.

Li, Y., et al.(2018). Video generation from text. *Proceedings of the AAAI Conference on Artificial Intelligence*, 32(1).

Palmer, S. E.(1999). *Vision science: Photons to phenomenology*. MIT Press.

Roberts, L. G.(1963). *Machine perception of three-dimensional solids*. Diss. Massachusetts Institute of Technology.

Saito, M., Matsumoto, E., & Saito, S.(2017). Temporal generative adversarial nets with singular value clipping. *Proceedings of the IEEE International Conference on Computer Vision*.

Tulyakov, S., et al.(2018). Mocogan: Decomposing motion and content for video generation. *Proceedings of the IEEE Conference on Computer Vision and Pattern Recognition*.

Ware, C.(2019). *Information visualization: perception for design*. Morgan Kaufmann.

08

멀티모달 생성 기술과 예술

예술가가 상상력을 최대한 발휘할 수 있도록 환경을 제공하는 멀티모달 AI는 종합 예술 다음으로 기대하는 예술 형태다. 기술의 발전은 예술과 기술의 경계를 허물고, 새로운 형태의 예술적 표현을 가능하게 한다. 종합, 융합, 멀티 등은 가능성의 영역을 크로스오버로 넓히는 목적을 가진다. AI 생성 모델의 예술은 더 많은 창작 도구를 제공할 뿐만 아니라 우리의 지각 방식을 바꾸고 이미 정의 내려진 영역의 경계를 허무는 중이다.

멀티모달 AI

멀티모달 AI는 다양한 유형의 데이터를 통합하여 처리하고 이해하는 인공지능 기술을 의미한다. 방식, 방법을 뜻하는 라틴어 '모두스(modus)'에서 유래한 '모달(modal)'은 여러 학문 분야에 사용되는데, 맥락에 따라 다르게 해석된다.

통계학에서는 데이터 '최빈값(Mode: 데이터 집합에서 가장 빈번하게 나타나는 값)'을 나타내는 용어로 사용되고, 음악에서는 특정 '음계(Modal Scale: 도리아 · 프리지아 · 리디아 모드 등 고대 그리스에서 유래한 선법으로 각각 고유한 음계 구조를 가리킴)'를 가리킬 때 사용된다. 문법에서는 동사의 모드와 관련된 의미로 '조동사(modal verb)'를 가리킬 때 쓰인다. 논리학에서는 명제의 가능성, 필요성 등을 나타내는 의미로 사용된다. 마지막으로 특정 교통 모드(예: 자동차, 자전거 등)를 나타내는데, '모달 시프트(modal shift)'는 기존 운송 수단에서 효율성 높은 운송 수단으로 변경하는 의미로 쓰인다.

인공지능에서 '모달'은 다양한 유형의 데이터를 처리하고 통합하는 의미로 사용된다. AI 시스템에서 모달은 텍스트, 이미지, 오디오, 비디오와 같은 서로 다른 형태의 데이터다. '모달리티(Modality)'는 특정한 유형의 데이터 형식으로, 텍스트 모달리티, 이미지 모달리티, 오디오 모달리티, 비디오 모달리티 등이 있다. 따라서 멀티모달 AI(Multimodal AI)는 여러 모달리티를 통합하여 처리할 수 있는 AI 시스템이라고 정의할 수 있다. 다양한 데이터 소스를 결합하여 더 정확하고 풍부한 정보를 제공하고 복잡한 문제를 해결하는 데 유용한 시스템이다.

데이터 통합

서로 다른 모달리티의 데이터를 통합하면 더 포괄적이고 심층적인 분석이 가능하다. 즉, 텍스트와 이미지를 함께 분석하여 더 정확한 결과를 도출할 수 있다. 또는 한 모달리티에서 학습한 정보를 다른 모달리티에 적용하여 성능을 향상할 수도 있다. 예를 들어, 이미지에서 학습한 정보를 텍스트 분석에 활용할 수 있다.

좀 더 나아가 보자. 자연어 처리(Natural Language Processing: NLP)와 컴퓨터 비전의 통합으로 텍스트와 이미지를 함께 분석하여 이미지 캡션을 자동으로 생성하거나 텍스트 설명을 기반으로 이미지를 검색하는 기능을 만들 수 있다. 또는 텍스트와 이미지를 결합하여 사용자가 더 쉽게 이해할 수 있도록 도와주는 서비스를 구현할 수 있다.

오디오와 텍스트의 통합은 어떠할까? 음성 인식을 통해

말하는 내용을 텍스트로 변환(예: 네이버의 클로바)하고 이를 기반으로 음성 응답을 생성하는 챗봇을 구현할 수도 있다. 비디오와 오디오 통합으로 비디오에서 인물의 표정과 음성을 분석하여 감정을 인식하고 이를 기반으로 피드백을 제공하는 시스템을 만들어 더 개인화된 서비스를 제공할 수도 있다.

생성형 인공지능은 단일 모달로 시작했다. 한 가지 유형의 데이터 입력으로 동일한 유형의 생성물을 출력했다. 이 모델 대부분은 텍스트 프롬프트를 처리해 텍스트 응답을 생성하도록 설계된 것이다. 인간이 새로운 것을 배우는 다양한 방법 중 하나가 독서다. 그러나 하나의 소스가 효과적인 방법이라고 할 수는 없다. 멀티모달 학습은 방대한 텍스트뿐만 아니라 이미지, 비디오, 오디오 또는 다른 유형의 데이터로부터 훈련을 받아 학습 능력을 강화해 AI 시스템의 새로운 가능성을 열어 주고 있다. 멀티모달 AI는 하나의 프롬프트(예: 텍스트)를 입력받아 텍스트, 이미지, 음악, 오디오, 동영상 등 다양한 양식의 콘텐츠를 생성할 수 있을 뿐만 아니라 여러 양식의 데이터를 동시에 입력받아 처리할 수 있는 능력을 갖추었다. 즉, 멀티모달 AI는 단일 또는 복합 형태의 입력을 받아 이를 기반으로 다중 형태의 출력을 생성할 수 있는 것이다.

이는 다양한 유형의 정보를 통합적으로 이해하고 처리할 수 있는 능력을 갖추었다는 것을 의미한다. 대표적인 플랫폼으로 구글의 제미나이(Gemini: 텍스트, 이미지, 코드 등 다양한 입력을 처리하고, 다중 양식의 출력을 생성하는 멀티모달 AI 플랫폼), 오픈AI의 GPT-4o 미니(텍스트와 이미지를 입력받아 텍스트를 생성하거나, 이미지에 대한 설명을 생성하는 멀티모달 AI), 그리고 메타의 이미지바인드(ImageBind: 텍스트, 이미지, 오디오, 깊이 정보 등 다양한 양식의 데이터를 입력받아 이를 통합적으로 처리하는 멀티모달 AI)가 있다.

멀티모달 AI는 인공지능이 다양한 감각 모드를 처리하고 이해할 수 있는 능력을 갖추어 자연 지능에 아주 가까워졌다고 할 수 있다. 실제로 사용자가 하나의 입력과 하나의 출력 유형에 국한하지 않고, 거의 모든 유형의 입력으로 거의 모든 유형의 콘텐츠를 생성하도록 요청했을 때 생성될 창작물에 대해 어떤 틀을 씌워야 할지 고민해야 할 시점이 온 것이다. 멀티모달 AI는 새로운 예술 패러다임을 구축해야 한다는 강력한 메시지를 전달한다.

멀티모달 AI 기술, 예술의 혁신

멀티모달 기술 연구는 1990년대 초 텍스트와 이미지를 통합하여 분석하는 것으로 시작했다. 이 연구는 텍스트 기반 이미지 검색과 같이 기능에 초점을 둔 응용소프트웨어 개발이 목적이었다. 2010년대, AI 르네상스를 맞이하게 한 딥러닝 모델 발전은 멀티모달의 세계에 또 다른 변화를 가져왔다. 이미지, 음성, 텍스트 등 도메인에 따른 알고리즘은 차이가 있다. 그러나 합성곱 신경망(Convolutional Neural Networks: CNN)이나 순환 신경망(Recurrent Neural Networks: RNN)과 같이 도메인 자체가 아닌 그 도메인이 가진 특징적 패턴을 인공지능 스스로 학습하게끔 신경망을 구축하면서부터는 텍스트, 이미지, 오디오 데이터를 효과적으로 처리하여 각 도메인의 영역을 허무는 '매직'을 보여 주었다. 일찍이 미래학자 아서 클라크(Arthur C. Clarke)가 "충분히 발전한 기술은 마술과 구별할 수 없다"고 한 것처럼 말이다.

2017년 개발된 트랜스포머 모델은 혁신을 가져왔고 더불어 멀티모달 AI의 세계가 열렸다. 규칙 기반의 알고리즘으로는 공간 데이터와 시간 데이터를 처리하는 데 효율성과 유연성을 기대하기 어려웠다. 공정된 규칙과 순차적 처리에 의존해 다양한 시공간 패턴을 동시에 처리하는 데 한계가 있었기 때문이다.

하지만 트랜스포머 모델 등장으로 이 경계가 점점 허물어지기 시작했다. 트랜스포머는 강력한 셀프 어텐션 메커니즘으로 시간과 공간 데이터를 효율적으로 모두 처리할 수 있게 되었다. 셀프 어텐션 메커니즘의 핵심은 데이터의 모든 영역(문장의 단어, 이미지의 픽셀 등)의 관계를 실시간으로 계산한다는 것이다. 각 요소는 다른 요소들과의 상호 작용 정도를 파악하고 그에 따라 중요도를 다르게 부여한다. 이 계산은 입력 데이터가 주어질 때마다 텍스트와 이미지의 각 요소들 간의 관계를 동적으로 계산하고 실시간으로 관계의 중요도를 평가하여 더 정교한 결정을 내린다. 예를 들어 "고양이가 나무 위에 올라갔다"는 문장이 입력되면 트랜스포머 기반 모델은 문장의 모든 단어들 사이의 관계를 실시간으로 분석하고 이를 기반으로 고양이가 나무 위에 있는 이미지를 생성한다. 이 과정에서 텍스트의 의미와 관련된 시각적 정보를 모델이 학습하고 반영하여 이미지 생성 작업을 수행한다. 반대로, 고양이 사진을 입력하면 트랜스포머 모델은 고양이의 눈, 귀, 꼬리 등 다양한 신체 부위의 공간적 관계를 분석하고, 이를 기반으로 "고양이가 소파에 앉아 있다"와 같은 설명 문장을 생성한다. 셀프 어텐션 메커니즘으로 이미지에서 텍스트로 정보 변환이 가능해진 것이다.

셀프 어텐션 메커니즘이 인간의 사고방식과 유사하게 다양한 정보를 처리하고 그 중요성을 평가하여 판단을 내리는 과정을 모델에서는 가중치를 두는 것으로 표현할 수 있다. 이 메커니즘 덕분에 트랜스포머 모델은 시공간적 데이터를 더 효과적으로 처리하고, 멀티모달 AI가 가능하게 되었다. 최근 GPT-4, 달리, CLIP(Contrastive Language-Image Pretraining: 대조적 언어-이미지 사전 훈련) 등은 트랜스포머 기반으로 완성된 모델로 텍스트, 이미지, 오디오 데이터를 통합하여 창작 세계 지형을 확장하고 있다.

컴퓨터 과학, 인지 과학, 심리학, 언어학의 학문 분야가 AI 멀티모달 연구의 기초가 되었다. 인간이 각각의 감각을 통해 받아들인 정보를 인지하고 통합하는 과정에서 일어나는 이해 과정이 멀티모달 인지라고 말할 수 있으며, 인공지능이 보다 자연 지능에 가깝게 이해할 수 있는 능력이 생겼다는 것을 의미한다. 기술 과학 면에서 컴퓨터 비전과 자연어 처리의 발전이 멀티모달 AI 생성을 가능하게 해 주었다. 아서의 표현처럼 마술이 된 것이다.

멀티모달 AI 도구의 역할

런웨이(Runway)의 젠투(Gen-2), 메타의 이미지바인드, 인월드 AI(Inworld AI), 오픈AI의 비전 탑재 GPT4V[GPT-4V(ision) with vision], 구글의 제미나이 등은 멀티모달 AI이다. 이들에 대한 명확한 표현은 멀티모달 AI 모델이다.

런웨이사의 젠투는 텍스트, 이미지, 동영상 입력으로 동영상을 생성할 수 있는 멀티모달 AI다. 텍스트 대 비디오, 이미지 대 비디오를 사용하여 독창적인 비디오를 생성할 수 있다.

메타가 구축한 AI 모델 이미지바인드는 여섯 가지 양식의 정보를 바인딩할 수 있는 최초의 AI 모델로 오픈소스도 제공하고 있다. 이 모델은 텍스트, 오디오, 동영상 · 정지영상뿐만 아니라 깊이(3D), 열(적외선), 동작과 위치를 계산하는 관성 측정 장치(Inertial Measurement Unit: IMU) 데이터를 처리할 수 있다. IMU 데이터에서 특정 정보(예: 물체의 움직임 정보)를 하나의 벡터 표현으로 단일 임베딩(Embedding: 여러 센서에서 얻은 데이터를 하나의 표현으로 요약해 AI 모델이 이해할 수 있도록 하는 것)으로 변환한다. 또한 다양한 종류의 데이터를 하나의 공동 표현 공간에 매핑하는 방식인 공동 임베딩을 사용하여 여러 종류의 데이터를 통합된 표현 공간에서 처리할 수 있도록 한다.

이미지바인드는 사진 속 물체의 소리, 3D 모양, 따뜻하거나 차가운 정도, 움직이는 방식 등을 연결하는 성능이 뛰어나다. 그래서 기계가 인간처럼 명시적인 감독(원시 데이터를 정리하고 레이블을 붙이는 과정) 없이 다양한 형태의 정보를 전체적으로 동시에 직접 학습하여 이해할 수 있다. 콘텐츠를 보다 정확하게 인식하고 조정 연결하는 방법을 학습해 생성을 원활하게 하고 멀티모달 검색 기능 강화로 더욱 창의적인 설계를 할 수 있다. 예를 들어 열대 우림이나 북적이는 시장의 소리를 기반으로 이미지를 생성할 수 있다. 이미지바인드는 특정 양식에 대해 개별적으로 훈련된 이전의 전문 모델보다 더 뛰어난 성능을 발휘한다. 그보다 더 중요한 것은 기계가 다양한 형태의 정보를 함께 더 잘 분석할 수 있게 함으로써 AI를 발전시키는 데 도움이 된다는 점이다.

인월드 AI 모델은 다양한 모달리티(텍스트, 음성, 감정, 애니메이션)를 결합해 인간의 두뇌 기능과 같은 매우 현실적이고 상호 작용이 가능한 NPC(Non-Player Character: 게임이나 시뮬레이션에서 고유의 행동과 대사로 플레이어와 상호 작용하는 역할을 하는 캐릭터)를 생성하는 데 초점을 맞춘 모델이다. 인월드 AI 모델의 핵심은 인식(perception), 인지(cognition), 행동(behavior) 요소를 기술적으로 완성하는 데 있다.

인식 요소는 청각과 시각 같은 감각 기관을 사용해 환경과 다른 에이전트로부터 정보를 받고 이해하는 데 초점을 맞춘 기능이다. 인지 요소는 기억, 감정, 성격, 목표 등

가상 캐릭터의 내적 상태를 처리할 수 있도록 자연어 처리, 감정 인식, 강화 학습 등의 알고리즘을 적용했다. 그리고 최신 생성 모델, 강화 학습, 음성 · 감정 합성 등의 기술을 통해 가상 캐릭터가 인간의 몸짓과 행동을 복제라 할 만큼 흡사하게 행동하도록 설계했다. 인월드 AI를 활용하면 역할 수행 게임(Role-Playing Game: RPG)의 플레이어를 만들 수 있다. 마을에서 만나는 NPC가 플레이어의 과거 행동을 기억하고 그에 따라 플레이어에게 새로운 퀘스트(quest: 게임에서 플레이어가 수행해야 하는 임무 또는 도전 과제)를 제공하거나 대화를 통해 추가 정보를 제공하는 방식으로 게임의 내러티브를 풍부하게 만들 수 있다. 인월드 AI 모델은 새로운 플레이어 경험 구현, 게임 디자인 간소화 등 기타 인공지능이 수행할 수 있는 인프라 구축으로 게임 개발 수준을 한 단계 높일 수 있도록 지원한다.

오픈AI의 GPT-4V는 텍스트와 이미지를 결합하여 대화 콘텐츠를 생성할 수 있고 복잡한 질문에 심층적으로 접근 가능한 것이 특징이다. 예를 들어 사용자가 특정 이미지를 입력하고 이것의 설명이나 분석을 요청하면 텍스트와 이미지를 활용하여 정확하고 깊이 있는 답변을 제공한다. 따라서 교육과 연구 혹은 창의적인 콘텐츠 생성에 유용하게 활용될 수 있다.

마지막으로 구글의 제미나이이다. 제미나이 모델은 텍스트, 이미지, 오디오, 비디오 데이터를 통합하여 분석한다. 마치 다양한 요리를 골고루 차린 상차림처럼 다채로운 데이터를 종합적으로 분석하여 보다 풍부한 정보를 제공받을 수 있다. 작성자가 기후 변화를 분석하기 위해 관련 논문, 최근 북극 빙하 축소 위성 사진, 전문가 인터뷰, 다큐멘터리 영상 데이터 등을 입력하면 이 정보를 분석하여 결합한 뒤 기후 변화에 대한 종합적인 보고서를 생성하는 식이다. 즉, 기후 변화를 분석한 내용, 이미지나 그래프 같은 시각화 도구, 전문가 심층 의견 등을 반영한 완벽한 보고서가 생성된다.

멀티모달 AI 모델은 예술가들에게 쥐여진 새로운 패러다임 구축용 창작 도구다. 예술가는 텍스트, 이미지, 오디오, 비디오 등 다양한 매체를 결합하여 독창적인 작품을 창조할 수 있다. 멀티모달 AI는 예술가가 상상력을 최대한 발휘할 수 있는 환경을 제공한다. 기술의 발전은 예술과 기술의 경계를 허물고, 새로운 형태의 예술적 표현을 가능하게 한다. AI 생성 모델의 예술은 더 많은 창작 도구 제공뿐 아니라 우리의 지각 방식을 바꾸고 이미 정의 내린 영역의 경계를 허물어 새로운 개념이나 창작의 정의역(定義域: 함수에서 입력 값이 존재할 수 있는 범위 또는 영역)

으로 우리를 안내한다.

참고문헌

DaveAI(2024.8). What is multimodal AI? Top 5 multimodal AI models for businesses In 2024. https://www.iamdave.ai/blog/what-is-multimodal-ai-top-5-multimodal-ai-models-for-businesses-in-2024/

Etymonline. Etymology of modal by etymonline. https://www.etymonline.com/word/modal

https://cloud.google.com/use-cases/multimodal-ai

https://imagebind.metademolab.com/

https://inworld.ai/

https://www.google.com/search?q=define+modal

Keary, T.(2023.12.13). 5 Best multimodal AI tools for 2024: Which ones should you use?. *Techopedia.* https://www.techopedia.com/best-multimodal-ai-tools

Keary, T.(2024.9.3). Google's Gemini AI is a serious threat to ChatGPT – Here's why. *Techopedia.* https://www.techopedia.com/google-gemini-is-a-serious-threat-to-chatgpt-heres-why

Merriam-Webster. Modal Definition & Meaning - Merriam-Webster. https://www.merriam-webster.com/dictionary/modal

OpenAI(2023.3.14.). GPT-4. https://openai.com/index/gpt-4-research/

OpenAI(2023.9.25). ChatGPT can now see, hear, and speak. https://openai.com/index/chatgpt-can-now-see-hear-and-speak/

09

생성 모델 작품 생성 방법

AI 생성 모델 각각은 다양한 목적으로
상황에 맞는 적합한 새로운 서비스를 창출하고
제공한다. 우리는 글쓰기, 이미지 생성
그리고 음악 생성까지 AI 서비스를
만날 수 있다. '드디어' 창의를 위한 응용
소프트웨어를 직관적으로 사용할 수 있게
되었다. 생성형 AI 서비스 플랫폼 때문이다.

생성형 AI, 예술 창작 도구

AI 생성 모델은 다양한 형식의 창작품을 만들 수 있는 생성형 AI 서비스를 출시하고 있다. 전통 방식의 예술인 그림, 사진, 영화, 음악, 그리고 다양한 미디어를 통해 소통할 수 있는 미디어 아트에 이르기까지 표현 도구에 의해 변화하는 예술 세계 밥상에 새로운 숟가락이 얹혀진 것이다. 그렇지만 지금까지 인류가 향유해 온 예술이 원천 데이터이기 때문에 새롭다는 표현에 주저함이 생긴다. 그럼에도 표현 수단의 변화에 적응할 필요가 있다. 바로 하드웨어 도구를 대체하는 소프트웨어 도구이기 때문이다.

소프트웨어 도구는 형태가 소프트(soft)하다. 즉 어떤 형태로든 자유롭게 구현할 수 있다는 뜻이다. 물론 소프트웨어 프로그래밍에는 창발적 아이디어가 있어야 하고 그것을 실제로 구현할 수 있는 기교, 다시 말해 기술이 있어야 한다. 인공지능은 사람들에게 익숙한 단어가 되었지만 모든 사람이 인공지능 모델을 이용해 창작품을 완성하는 일은 불가능하다. AI 생성 모델을 개인 맞춤화하기 위한 프로그래밍, 모델 실험을 위한 플랫폼 구축, 그리고 상용화 서비스 출시까지 AI 시스템을 구축하기 위한 딥러닝 모델 알고리즘 작성부터 서비스까지 단계별 목표는 다르다. 그렇다면 창작을 위해 작성자는 생성형 AI 서비스를 어떻게 이용해야 할까?

수도라이트 대 노블크래프터

수도라이트(Sudowrite) 서비스는 작가들의 창의적인 콘텐츠 생성, 작가 맞춤형 수정 제안, 스토리텔링 향상을 위해 설계되었다. 스토리 구성에 필요한 설명(describe), 다시 쓰기(rewrite), 브레인스토밍(brainstorming) 등의 기능을 갖춘 창작 도구라고 할 수 있다. 뿐만 아니라 캐릭터 개발, 구조적 플롯 구성, 장면 창작 기능을 갖추고 있다. 수도라이트는 사용자가 편리하게 사용할 수 있도록 친절한 인터페이스로 설계되었다. 작가가 작성한 텍스트를 분석하여 작가 고유의 스타일과 톤을 학습한다. 작가가 선호하는 어휘, 문장 구조, 문체 등을 파악하는 것이다. 나아가 작가가 새로운 글을 쓸 때 일관된 톤과 스타일을 유지하도록 제안하거나 수정한다. 작가가 문장을 더 간결하게 작성하고 싶어 하면 요구에 맞춰 스타일과 톤을 유지하면서 수정 글을 제안한다. GPT-3와 같은 LLM을 기반으로 구축한 서비스이기 때문에 텍스트의 문맥을 이해하고 창작하는 데 탁월한 능력을 보인다.

노블크래프터(NovelCrafter)는 소설이나 장편 콘텐츠 작성에 중점을 둔 서비스다. 플롯과 스토리 개발에서 스토리와 캐릭터 설정 등이 단순하지 않으면서도 일관성과 깊이를 갖는 구조를 구성한다는 점이 노블크래프터의 강점이다. 복잡한 캐릭터를 생성하고 다양한 장면을 체계적으로 관리하여 플롯을 구성한다.

작가가 복수심을 주제로 소설을 쓴다고 가정해 보자. 노블크래프터는 복수심이라는 주제를 중심으로 주인공의 과거 경험이 현재의 행동에 영향을 미치고 그 행동이 이야기의 클라이맥스로 연결되도록 일관된 스토리를 유지한다. 또한 다른 캐릭터들과의 관계나 사건들이 이 주제와 긴밀하게 연결되도록 체계적으로 서술한다. 이 과정에서 독자는 일관된 감정의 흐름을 따라가며 스토리에 몰입할 수 있게 된다. 오픈AI의 GPT-3 · GPT-4와 같은 대규모 언어 모델이 소설 작성의 전 과정에 관여하고 특정 단계에서 맞춤형으로 개선할 수 있는 도구로 사용되는 것이다.

다음은 각 서비스의 사용 방법이다.

수도라이트

1. 가입 및 로그인: 수도라이트 웹사이트 (https://www.sudowrite.com)에 접속해 계정 생성
2. 프로젝트 생성: 새 프로젝트 작성
3. 도구 활용:

설명(Describe): 마우스 드래그로 해당 텍스트를 선택하고 상세 설명 기능을 선택하여 문장 생성
다시 쓰기(Rewrite): 텍스트의 특정 부분 개선
브레인스토밍: 아이디어 생성

4. 편집 및 피드백(Edit): 제안과 피드백을 활용한 수정
5. 내보내기: 최종 결과물 생성

노블크래프터

1. 가입 및 로그인: 노블크래프터 웹사이트 (https://www.novelcrafter.com)에 접속해 계정 생성
2. 프로젝트 생성: 새 프로젝트 작성
3. 플롯 및 개발: 플롯 개발 도구로 플롯을 개발하고 소설 개요 작성, 캐릭터 생성 도구로 등장인물 설정
4. 장면 관리: 장면과 챕터 조직 · 관리, 장면의 흐름과 연결성 검토
5. 세부화: AI가 생성한 초안을 기반으로 내용 수정 · 편집
6. 내보내기: 최종 콘텐츠 생성

수도라이트와 노블크래프터는 모두 고급 AI 모델을 활용하여 작가를 돕지만 각각 다른 측면에 중점을 두고 있다. 수도라이트는 창의적인 지원과 스토리텔링 향상에,

노블크래프터는 소설 작성의 전체 과정, 특히 플롯과 장면 관리에 중점을 두고 있다. 두 도구 모두 GPT-3를 기반으로 한다.

동영상 생성 모델 소라, 비오

런웨이의 2세대는 창작자가 프롬프트 입력으로 고품질 동영상을 생성할 수 있도록 설계되었다. 고해상도 이미지 합성, 노이즈 감소와 이미지 안정화, 그리고 프레임 전체에 걸쳐 시각적 스타일의 일관성을 유지하는 기능이 특장점이다. 간단한 텍스트 명령을 사용하여 동영상의 개별 구간을 구체적으로 수정할 수 있다. 설명을 통해 시각적으로 매력적이고 역동적인 동영상으로 변환하는 데 중점을 두었다. 그렇기 때문에 복잡한 작업이나 고해상도에는 상당한 컴퓨팅 리소스가 필요하다. 고해상도와 스타일 일관성이 강조돼 전문가급 동영상 제작에 이상적이다.

오픈AI에서 만든 모델 소라(Sora)는 상세한 텍스트 프롬프트로 고화질 비디오 클립을 생성하고 단일 비디오 내에서 여러 숏을 생성할 수 있다. 캐릭터와 장면 스타일을 정확하게 유지하는 것을 목표로 개발되었다. 따라서 촬영 카메라가 갖추어야 하는 기능, 즉 이미지나 비디오에서 밝은 부분과 어두운 부분을 동시에 잘 표현할 수 있는 기능인 하이 다이내믹 레인지(High Dynamic Range), 피사계 심도(Depth of Field) 등을 소프트웨어로 발휘하는 것이다. 뿐만 아니라 비디오 클립 내에서 캐릭터의 움직임이 자연스러워 보이도록 일관성을 유지한다. 하드웨어 기술로 구현하던 카메라 흔들림 방지 기능과 고속 연사 기능을 소프트웨어로 조정 · 보정할 수 있도록 모델을 구축한 것이다. 카메라의 흔들림이나 일정하지 않은 화면 톤은 동영상 제작에서 난제다. 일관된 화면 구성과 캐릭터 움직임을 유지하면서 생성하는 동영상은 최신 기술의 총체라 하겠다.

소라는 디퓨전 모델(Diffusion Model: 노이즈를 추가하고 제거하는 과정을 통해 데이터를 생성하는 모델)과 데이터 간의 관계를 효율적으로 학습하는 신경망 구조로 되어 있는 트랜스포머 모델을 결합하여 동영상 생성에 최적화된 고급 AI 시스템이다. GPT 모델과 마찬가지로 트랜스포머 아키텍처를 사용하여 뛰어난 확장 성능을 발휘한다. 소라 생성형 AI 서비스는 텍스트, 이미지, 또는 동영상 클립을 입력하면 이를 기반으로 새로운 동영상을 생성하거나 기존 동영상을 확장한다. 이 생성형 AI는 입력된 정보의 의미를 분석하고 그에 따라 일관된 시각적 콘텐츠를 만들어 내는 것이 특징이다. 소라는 전체 동영상을 한 번에 생성하거나 이미 생성된 동영상을 확장하여 더 길게 만들 수 있다.

예를 들어, 5초짜리 짧은 클립을 생성하면 이 클립을 이용해 1분 길이로 늘려서 생성할 수 있다. 처음 5초 동안 발생한 시퀀스를 바탕으로 후속 장면을 예측하고 생성하는 방식이다. 프레임과 프레임 사이에 새로운 프레임을 생성하는 기술이다.

이 과정에서 모델은 A와 B의 픽셀 간 차이를 분석하고 이를 바탕으로 새로운 중간 프레임을 예측하고 생성한다. 바로 프레임 보간법(Frame Interpolation)이다. 이것은 연속된 두 프레임에서 각 픽셀이 움직이는 속도와 방향을 계산하여 기존의 두 프레임 사이에 새로운 프레임을 생성하는 것이다. 이 방법으로 동영상을 더욱 부드럽고 빠르게 생성할 수 있다. 각 픽셀의 이동 방향과 속도를 추적하여 중간 프레임을 생성하는 옵티컬 플로우(Optical Flow)나 훈련된 모델이 두 프레임 간의 변화를 학습하여 자연스러운 중간 프레임을 예측하는 신경망 기반 보간 네트워크(Neural Network-Based Interpolation Networks), 즉 딥복셀 플로우(Deep Voxel Flow), 슈퍼 솔로모(Super SloMo), 적응형 협업 플로우(Adaptive Collaboration of Flows) 등이 있다.

매 프레임 간의 시간차를 보간하는 방법과 다르게 공간적 요소에 중점을 두어 손상되거나 제거된 영상을 자연스럽게 복구하는 인페인팅 기술도 있다. 인페인팅은 이미지나 비디오에서 손실된 부분을 채우는 기술이다. 동영상에서 특정 피사체가 일시적으로 사라졌을 때 그 부분을 주변 정보를 이용하여 채워 넣어 자연스러운 중간 프레임을 생성한다. 7장에서는 정지 영상에서 동영상으로 확장한 기술로 생성(GAN)과 기억(LSTM) 그리고 시간(RNN) 지연에 특하한 모델을 소개했는데, 실제 소라는 패치 단위로 데이터를 처리하는 '디퓨전 트랜스포머 모델(Diffusion Models with Transformer)'을 사용했다.

여기서 패치(patch)란 이미지를 작은 조각으로 나누는 것을 말한다. 마치 퍼즐 조각처럼, 큰 이미지를 작은 단위로 나누어 각각의 조각을 별도로 처리한다. 예를 들어, 1024×1024 크기의 이미지를 32×32 크기의 작은 패치로 나눈다. 각 패치는 이미지의 일부를 나타내는데 이 패치들을 개별적으로 처리한 후, 이를 다시 조합하여 전체 이미지를 구성하는 방식이다.

이 방식은 GPT 모델이 텍스트를 처리하는 방식과 유사하다. GPT 모델이 긴 텍스트를 작은 단위인 토큰으로 나누어 처리하는 것처럼, 디퓨전 트랜스포머 모델은 이미지를 패치 단위로 나누어 처리한다. 패치 단위로 데이터를 나누어 처리하면 각 패치를 별도로 처리할 수 있어 효율을 높일 수 있다. 서로 다른 형식의 데이터를 처리할 때, 예를 들어 이미지를 여러 패치로 나누어 처리하는 것처럼 비디오도 시간적 패치들로 나누어 처리하면 다양한 길이의 비디오나 서로 다른 해상도의 이미지를 일관되게 처리하는 식이다.

소라는 달리와 GPT 모델에 대한 과거 연구를 기반으로 한 최신 연구 결과다. 앞서 설명한 프레임 보간을 통한 이미지 생성 기술이 자연스러운 동영상 생성을 가능하게 했다면 리캡션(recaption) 기술은 프롬프트의 의미를 잘 표현하는 기술이다. 달리 3(DALL-E 3)에 사용된 리캡션 기술은 모델이 이미지 캡션 데이터를 학습하여 이미지를 설명할 수 있는 텍스트 캡션을 생성하는 능력을 말한다. 즉, 모델이 이미지를 보고 그 이미지에 대해 상세하고 정확한 설명을 생성할 수 있는 기능이다. 소라는 이 리캡션 기술을 사용하여 프롬프트를 충실히 이행한다. 작성자가 입력한 텍스트를 기반으로 그 지시에 따라 매우 정교한 동영상 콘텐츠를 생성한다는 것을 의미한다.

구글 딥마인드(DeepMind)의 비오(Veo)는 현재까지 가장 뛰어난 성능을 자랑하는 동영상 생성 모델이다. 다양한 영화와 시각적 스타일로 1분 이상의 고화질 1080p 해상도의 동영상을 생성할 수 있다. 프롬프트의 뉘앙스와 톤을 정확하게 포착하고 타임 랩스(Time-lapse: 영상을 짧은 시간 동안 빠르게 재생하는 기법으로 실제 시간보다 훨씬 빠르게 진행되는 것처럼 보이게 만듦)나 풍경의 항공 촬영 등 모든 종류의 영화적 효과를 위한 프롬프트를 이해하는 등 전례 없는 수준의 창의적 제어 기능을 제공한다.

비오 생성 모델은 누구나 동영상 제작에 액세스할 수 있는 도구를 만드는 데 도움을 줄 수 있다. 비오는 노련한 영화 제작자, 크리에이터 지망생, 지식을 공유하려는 교육자 모두에게 스토리텔링, 교육 등을 위한 새로운 가능성을 열어 준다. 비오는 생성 쿼리 네트워크(Generative Query Network: GQN), 듀얼 비디오 판별기 GAN(Dual Video Discriminator GAN: DVD-GAN), 이마겐 비디오(Imagen-Video), 페나키(Phenaki), 세계 언어 트랜스포머(World And Language Transformer: WALT) 등 다양한 동영상 생성 모델을 기반으로 구축되었다.

음악 생성 모델 주크박스, 마젠타, 아이바

주크박스(Jukebox)는 오픈AI가 개발한 음악 생성 모델이다. 다양한 장르와 아티스트의 음악을 생성한다. 특정 아티스트와 장르의 스타일을 모방할 수 있고 장시간 음악을 생성할 수도 있다. 주크박스 플랫폼은 음원 데이터를 압축하고 중요한 정보만 취할 수 있는 자동 인코더 확장 모델인 VQ-VAE(Vector Quantized Variational Autoencoder)에서 영감을 얻어 주파수 신호를 재구성할 수 있는 모델로 탄생했다. 여기에 트랜스포머 모델이 음악 코드를 생성하고 우리의 감성을 울리는 음악을 탄생시키는 역할을 했다. 이 모델을 학습시키기 위해 웹을 크롤링(crawling)하여 120만 곡(이 중 60만 곡은 영어)의 새로운 데이터 세트를 큐레이션하고, 해당 가사 및 리릭위키(LyricWiki: 가사 데이터베이스 웹사이트)의 메타데이터와 짝을 맞춰 학습했다.

메타데이터는 아티스트, 앨범 장르, 발표 연도와 함께 각 노래와 관련한 일반적인 분위기 또는 재생 목록 키워드를 포함한다. 32bit, 44.1kHz 원음 오디오로 학습하고 스테레오(stereo) 채널을 무작위로 다운 믹싱하여 모노 오디오를 생성하는 방식으로 데이터 늘리기(증강)를 수행한다. VQ-VAE 모델은 22kHz에서 44kHz로 음역 주파수를 확장하고, 상위 레벨의 트랜스포머 모델(파라미터 10억 개에서 50억 개로 확장)은 고품질의 음악을 생성하게 되었다. 다양한 악기의 조화, 음의 미세한 변화, 그리고 음악의 전반적인 패턴을 잘 파악하고 학습하는 능력이 곧 고품질 음악 생성의 핵심이다.

구글의 마젠타(Magenta)는 음악과 예술을 위한 오픈소스 인공지능 프로젝트다. 텐서플로우(TensorFlow)와 같은 머신 러닝 프레임워크를 사용하여 모델을 직접 수정하고 개선할 수 있다. 연구와 실험용으로 활용할 수 있을 뿐만 아니라 제공된 튜토리얼을 따라 모델을 훈련시키고 음악을 생성할 수 있다.

가상 아티스트 아이바(AIVA: Artificial Intelligence Virtual Artist)는 상업용 음악 생성에 특화된 인공지능이다. 작곡가와 협업하여 새로운 음악을 만든다. 웹 기반 인터페이스를 통해 사용자가 직접 작곡 요청을 하면 인공지능이 자동으로 음악을 생성하는 것이다. 아이바 웹사이트(https://www.aiva.ai)에 접속하여 계정을 생성한 후 지침사항에 따라 생성 음악을 만든다. 트랙별로 음악을 생성하는데 각 스타일을 설계할 수 있다. 트랙을 수정하고 기존의 트랙과 혼합하여 음악을 생성하는 것도 가능하다. 무료 계정으로 음악 생성 서비스 경험이 가능하지만 15유로(약 2만2300원), 49유로(약 7만2700원)의 월 결제 서비스를 선택하면 더 많은 생성 음악 퍼포먼스를 경험할 수 있다.

참고문헌

Carreira, J., et al.(2024). Learning from one continuous video stream. *Proceedings of the IEEE/CVF Conference on Computer Vision and Pattern Recognition.*

Chen, S., et al.(2024). GenTron: Diffusion transformers for image and video generation. *Proceedings of the IEEE/CVF Conference on Computer Vision and Pattern Recognition.*

Dhariwal, P., et al.(2020). Jukebox: A generative model for music. *arXiv preprint arXiv*: 2005.00341.

Esser, P., et al.(2023). Structure and content-guided video synthesis with diffusion models. *Proceedings of the IEEE/CVF International Conference on Computer Vision.*

General User Manual. https://aiva.crisp.help/en/article/general-user-manual-44klp4/

Germanidis, A.(2023.2). Gen-2: Generate novel videos with text, images or video clips. https://runwayml.com/research/gen-2

Kotorchevikj, I.(2023.7.10). Runway Gen-2 Video AI: What is it and how to use it?. https://neuralnetworkpress.com/runway-gen-2-video-ai

OpenAI(2024.2.15). Creating video from text. https://openai.com/index/sora/

Peebles, W. & Xie, S.(2023). Scalable diffusion models with transformers. *Proceedings of the IEEE/CVF International Conference on Computer Vision.*

Villegas, R., et al.(2022). Phenaki: Variable length video generation from open domain textual descriptions. *International Conference on Learning Representations.*

10

AI 생성 모델 예술 대 생성형 AI 예술

AI는 예술가가 창작 능력을 확장하고 새로운 방식으로 창작을 탐구할 수 있도록 돕는다. AI의 끊임없는 생성 과정은 관객에게 새로운 시각을 제공하고, 창조적 타자성과 상호 작용하면서 관객이 가지고 있던 예술적 기대를 뛰어넘는 경험을 하게 한다. AI 생성 모델의 잠재 공간은 개념적으로 데이터를 분석하고 새로운 결과물을 생성하기 위해 처리하는 공간이다. 우리는 이 공간에서 다양한 가능성을 탐구하지만 그 결과는 무한히 다를 수 있다.

인공지능 시대

지금 우리는 인간의 자연 지능과 인공지능이 공존하는 시대를 살아간다. 인공지능은 다양한 산업과 사회 전반에 걸쳐 광범위하게 영향을 미치고 있다. 금융, 교통과 물류, 법률, 국방, 인재 채용, 에너지 등의 산업군, 의학, 교육, 엔터테인먼트와 미디어, 마지막으로 예술 분야에 인공지능 기술이 영향력을 행사하고 있다. 그런 이유로 우리는 인공지능을 알아야 하고 이해할 필요가 있다.

기술은 사회 변화에 큰 영향을 미친다. 하지만 그 기술을 사용하지 않을 수도 있고 혹은 너무 자연스럽게 받아들여 체감되지 않을 수도 있다. 다양한 분야에서 인공지능 기술을 이야기하는데, 예술에서 인공지능은 어떻게 회자되고 있을까? 예술에서도 인공지능이 바람을 일으키고 있다는 데는 이견이 없을 것이다. 인간만이 갖고 있는 창의성을 인공지능이 따라서 생산할 때 그것은 인간의 것과 구별된 창의성이었다. 그러나 생성형 AI의 등장으로 더 이상 인간과 구별되는 창의성이 아닌 게 되었다.

AI 생성 모델의 예술과 생성형 AI 예술

AI 생성 모델과 생성형 AI는 혼용된다. 뉘앙스가 다를 뿐 의미는 크게 다르지 않기 때문이다. 그러나 그 단어가 의미하는 범주는 다를 수 있다.

생성형 AI는 텍스트, 이미지, 오디오 또는 기타 형태의 데이터를 새롭게 생성하기 위해 설계된 인공지능 기술이다. 생성형 AI의 주요 목표는 인간이 만든 것과 구별할 수 없을 정도로 현실적이면서 새로운 콘텐츠를 생성하는 것이다. 텍스트를 생성하는 언어 모델인 GPT 기반의 챗GPT 서비스, 텍스트 프롬프트로 이미지를 생성하는 달리나 스테이블 디퓨전 같은 이미지 생성 모델을 활용한 서비스, 그리고 음악 생성 서비스 등이 있다. 생성형 AI는 새로운 데이터를 생성할 수 있는 다양한 모델과 방법의 기술을 보유하여 대중이 쉽게 접근할 수 있는 통로를 개척했다.

반면 AI 생성 모델은 새로운 데이터를 생성할 수 있는 특정 유형의 모델 또는 알고리즘이다. 이러한 모델은 주어진 데이터 세트에서 패턴과 구조를 학습하고, 이를 바탕으로 원본 데이터와 유사하지만 동일하지 않은 새로운 인스턴스를 생성하면서 생성물을 출력한다. 대표적인 생성 모델로는 데이터 세트의 확률 분포를 학습하고 이 분포에서 샘플링하여 새로운 데이터 포인트를 생성할 수 있도록 설계된 가변 오토인코더(Variational Autoencoder: VAE)와 두 개 신경망 즉, 생성기와 판별기가 서로 경쟁하여 사실적 데이터를 생성하는 생성적 적대 신경망(Generative

Adversarial Network: GAN), 일관성 있고 문맥에 맞는 텍스트를 생성하는 자동 회귀 언어 모델의 일종인 생성적 사전 학습 변환(Generative Pretrained Transformer: GPT) 등이 있다.

모델 이름이 의미를 내포하는 경우 모델 이름이 생성형 AI의 이름이 되기도 한다. 생성형 AI와 AI 생성 모델을 굳이 구분한 것은 그들의 목표가 다르다는 점을 분명히 하기 위해서다. 생성형 AI는 그를 이용해 새로운 콘텐츠를 생성(결과물)하는 데만 집중한다. 어떤 모델을 적용했는가, 그 모델이 의미하는 것은 무엇인가는 중요하지 않다. 반면 AI 생성 모델을 직간접으로 이용해 나오는 결과물은 과정이 중요하다. 의도가 무엇이고 무엇을 표현하고자 한 것인지에 따라 결과물이 달라지기 때문이다. 단순하게는 생성물 중심이냐, 알고리즘 중심이냐로 표현할 수 있다.

미래 예술 패러다임, '비지도된'

AI 생성 모델의 예술은 분명 기술에 중점을 둔다. 예술을 생성하는 데 사용되는 기술, 즉 특정 모델과 알고리즘에 초점을 맞추는 것이다. 따라서 어떤 데이터를 사용했고 어떻게 모델이 튜닝되었으며 그로 인해 우리가 창작하는 결과물이 의미하는 것은 '무엇이다'라고 말할 수 있어야 한다.

그 예에 가장 가까운 예술가가 레픽 아나돌(Refik Anadol)과 마리오 클링게만(Mario Klingemann)이다. 레픽 아나돌은 대규모의 데이터를 수집하고 AI 모델을 통해 시각 이미지를 생성한다. 이 과정에서 AI 생성 모델은 단순한 도구가 아니라 데이터로부터 새로운 패턴과 형태를 도출해 내는 파트너다. 기술이 도구로 기능하는 것이 아니라 목적을 구현하는 주체자의 역할을 수행하는 것이다. AI 생성 모델과 데이터 그 자체가 예술이다.

아나돌은 주로 GAN과 같은 AI 생성 모델을 사용하여 무작위 데이터를 기반으로 예측하거나 새로운 이미지를 생성한다. 이 과정에서 AI 모델은 대규모 데이터 세트의 패턴을 학습하고 이를 기반으로 초현실적이고 추상적인 이미지를 생성한다. 이는 예술의 전통적인 경계를 허물고, 데이터와 알고리즘의 결합을 통해 새로운 미학을 창출하는 과정을 의미한다.

2022년 11월부터 2023년 10월까지 뉴욕 현대미술관 모마(MoMA)에서 전시한 레픽 아나돌의 작품 제목은 〈비지도된(Unsupervised)〉이었다. 200년이 넘는 모마의 예술 작품 컬렉션의 공개 데이터로 머신 러닝 모델을 훈련시켜 새로운 변형 이미지를 생성한 작품이다. 모마 컬렉션의 공개 데이터를 재해석한 것이다.

아나돌은 인공지능과 데이터의 역할에 대해 새로운 사회적 · 문화적 담론을 형성하고자 했다. AI는 종종 세계를 분류, 처리, 사실적인 표현을 생성하는 데 사용되는데 이와는 대조적으로 〈비지도된〉 작품은 환상, 환각, 비합리성을 탐구하여 예술 제작 자체에 대한 또 다른 이해를 만들어 낸다.

또 다른 미래 예술 패러다임, '잠재 공간'

마리오 클링게만의 작품은 어쩌면 익숙할 수도 있다. 지금처럼 생성형 AI가 많이 알려지기 전부터 기계 학습을 이용한 작품으로 간간이 소개되었기 때문이다. 1970년 독일에서 태어난 마리오 클링게만은 알고리즘과 인공지능을 창작 과정에 통합한 예술가다. 클링게만은 시각적 표현, 언어학, 기술과의 복잡한 상호 작용을 탐구한다. 주로 GAN을 활용하는 클링게만은 스크린 기반 예술 작품이나 인터랙티브 설치 작품을 만든다. 이러한 설치물은 클링게만이 제작한 AI 모델이 초상화 또는 텍스트를 실시간으로 생성하는 시각적 경험을 하게 한다.

AI 예술 분야의 선구자로 인정받는 클링게만은 2015년부터 2018년까지 구글 아트앤드컬처(Google Arts and

Culture)의 아티스트 인 레지던스(Artist in Residence: 예술가를 일정 기간 동안 초청하여 그 공간에서 창작 활동을 할 수 있도록 지원하는 프로그램으로 예술가는 해당 기관과 협력하거나 특정 주제에 대해 연구하거나 작품을 창작한다)의 일원으로 활동하는 등 많은 공헌을 해 왔다. 대영도서관, 뉴욕 공공도서관 등 유명 기관과도 협업한 바 있고, 2018년에는 권위 있는 루멘 프라이즈(The Lumen Prize: 디지털 아트로 창작한 예술을 기념하는 국제 상) 금상을 수상하기도 했다. 클링게만의 작품은 파리 퐁피두센터, 런던 바비칸 센터, 상트페테르부르크 예르미타시 박물관 등 전 세계의 저명한 미술관에 전시되었다.

2023년 에스파냐 라 비비 갤러리(La Bibi Gallery)의 〈잠재 공간(Latent Spaces)〉전은 라슬로 모호이너지(László Moholy-Nagy)의 생각을 빌려 AI 모델에서 종종 언급하는 잠재 공간을 표현했다. 잠재 공간은 물리적 공간이 아니라 AI 모델이 데이터 세트를 모델의 목적에 맞게 생성하기 위해 처리하는 공간이다. 클링게만은 무한한 가능성의 영역인 잠재 공간을 탐구하며 예상치 못한 것, 희귀하고 이상한 것으로 창의성을 더욱 발전시킬 수 있는 방법을 모색한다. 클링게만에게 AI는 예술가를 대체하는 기술이 아니라 창작자가 더욱 창작자로 거듭날 수 있게 재능을 발휘하는 장을 마련해 주는 기술이다.

클링게만은 인공 신경망에 의해 구현되는 끝없는 생성 과정을 통해 창조적 타자성(AI의 비인간적 창의성)에 직면한다. 그러면서 미적 · 서사적 기대에 도전받는 관객으로부터 자신의 위치를 찾아 간다. 기묘한 이미지 생성과 그에 따르는 반응은 모두 예술 작품의 한 부분이다. 작가의 통제(알고리즘 작성)와 그 통제를 벗어나는 자유(기묘한 이미지) 사이의 긴장은 또 다른 감정 양식의 예술 작품이 된다.

참고문헌

About Refik Anadol.
https://refikanadol.com/refik-anadol/

Klingemann, M. Quasimondo.
https://quasimondo.com/

La Bibi Gallery(2023.10.27). Latent space.
https://labibigallery.com/exhibition/latent-spaces/

MoMA(2022.11.19). Refik Anadol: Unsupervised.
https://www.moma.org/calendar/exhibitions/5535

이수진

세종대학교 인공지능데이터사이언스학과 교수다. 고려대학교 응용동물과학과를 졸업하고, 이화여자대학교 디자인학과에서 석사 과정을, 서강대학교 미디어공학과에서 석사 및 박사 과정을 마쳤다. 전통적인 비전 기술 기반의 새로운 이미지 생성 알고리즘 개발 및 연구로 학위 논문을 썼다. 이미지 표상의 오랜 주제를 기반으로 메타버스와 현실 세계의 새로운 이미지 처리와 생성 알고리즘을 연구하며 다양한 국책 과제를 진행하고 있다. 기술과 콘텐츠 그리고 융합 교육 관련 논문을 다수 출판했다. 저서로는 『뉴미디어 아티스트, 기술을 활용한 예술가들』(2016)과 『예술가의 메타버스 사용법』(2023) 등이 있다.